Controladoria
e Governança
na Gestão Pública

O GEN | Grupo Editorial Nacional – maior plataforma editorial brasileira no segmento científico, técnico e profissional – publica conteúdos nas áreas de ciências sociais aplicadas, exatas, humanas, jurídicas e da saúde, além de prover serviços direcionados à educação continuada e à preparação para concursos.

As editoras que integram o GEN, das mais respeitadas no mercado editorial, construíram catálogos inigualáveis, com obras decisivas para a formação acadêmica e o aperfeiçoamento de várias gerações de profissionais e estudantes, tendo se tornado sinônimo de qualidade e seriedade.

A missão do GEN e dos núcleos de conteúdo que o compõem é prover a melhor informação científica e distribuí-la de maneira flexível e conveniente, a preços justos, gerando benefícios e servindo a autores, docentes, livreiros, funcionários, colaboradores e acionistas.

Nosso comportamento ético incondicional e nossa responsabilidade social e ambiental são reforçados pela natureza educacional de nossa atividade e dão sustentabilidade ao crescimento contínuo e à rentabilidade do grupo.

Valmor Slomski

Controladoria e Governança na Gestão Pública

O autor e a editora empenharam-se para citar adequadamente e dar o devido crédito a todos os detentores dos direitos autorais de qualquer material utilizado neste livro, dispondo-se a possíveis acertos caso, inadvertidamente, a identificação de algum deles tenha sido omitida.

Não é responsabilidade da editora nem do autor a ocorrência de eventuais perdas ou danos a pessoas ou bens que tenham origem no uso desta publicação.

Apesar dos melhores esforços do autor, do editor e dos revisores, é inevitável que surjam erros no texto. Assim, são bem-vindas as comunicações de usuários sobre correções ou sugestões referentes ao conteúdo ou ao nível pedagógico que auxiliem o aprimoramento de edições futuras. Os comentários dos leitores podem ser encaminhados à **Editora Atlas Ltda.** pelo e-mail editorialcsa@grupogen.com.br.

Direitos exclusivos para a língua portuguesa
Copyright © 2005 by
Editora Atlas Ltda.
Uma editora integrante do GEN | Grupo Editorial Nacional

Reservados todos os direitos. É proibida a duplicação ou reprodução deste volume, no todo ou em parte, sob quaisquer formas ou por quaisquer meios (eletrônico, mecânico, gravação, fotocópia, distribuição na internet ou outros), sem permissão expressa da editora.

Rua Conselheiro Nébias, 1384
Campos Elísios, São Paulo, SP – CEP 01203-904
Tels.: 21-3543-0770/11-5080-0770
editorialcsa@grupogen.com.br
www.grupogen.com.br

Designer de capa: Zenário A. de Oliveira

Editoração Eletrônica: Formato Serviços de Editoração Ltda.

Dados Internacionais de Catalogação na Publicação (CIP)
(Câmara Brasileira do Livro, SP, Brasil)

Slomski, Valmor
    Controladoria e governança na gestão pública / Valmor Slomski. – São Paulo: Atlas, 2017.

    Bibliografia.
    ISBN 978-85-224-4083-2

    1. Administração pública   2. Contabilidade – História   3. Contabilidade de custos
4. Controladoria   5. Finanças públicas   6. Governança corporativa   I. Título.

05-1726
CDD-352.439

Índice para catálogo sistemático:
1. Controladoria e governança : Contabilidade : Administração pública   352.439

A Vilma, Thiago e Juliana,
Minha esposa e filhos.
A minha mãe e meu pai
(in memoriam).

DEDICO ESTE LIVRO

Sumário

Prefácio, xi
Introdução, 1

1 Evolução Histórica da Contabilidade, 3
   1.1   Contabilidade primitiva: dos primórdios até o ano de 1202 da era Cristã, 3
   1.2   Contabilidade moderno-contemporânea, 9

2 Controladoria na Gestão Pública, 15
   2.1   Definindo controladoria, 15
   2.2   Motivos para o estudo da controladoria na gestão pública, 16

3 Sociedade, Estado e Teoria do Agenciamento, 20
   3.1   Sociedade, 20
   3.2   Estado, 23
        3.2.1   Imposto ou integralização de capital, 26
        3.2.2   Funções clássicas do Estado, 27
   3.3   Teoria da agência, 29
        3.3.1   Relação agente-principal no Estado, 30
        3.3.2   Assimetria informacional no Estado, 32
        3.3.3   Incentivos no sistema agente-principal, 34

4 Entidades Públicas, Externalidades e Risco Moral, 35
   4.1   Entidades públicas governamentais, 35
   4.2   Entidades públicas não governamentais, 36

4.3 Externalidades, 37

    4.3.1 Externalidades positivas, 38

    4.3.2 Externalidades negativas, 39

4.4 Contratos incompletos, 39

4.5 Risco moral, 40

5 Processo de Planejamento nos Municípios Brasileiros, 42

5.1 Refletindo sobre o planejamento público, 42

5.2 Plano diretor no Município, 42

5.3 Programa de governo, 43

5.4 Plano plurianual, 43

5.5 Lei de diretrizes orçamentárias, 45

5.6 Lei de orçamento anual, 47

6 Uma Reflexão Sobre os Recursos Públicos, 49

6.1 Eficiência e eficácia como pilares do uso dos recursos públicos, 49

6.2 Recursos humanos, 50

6.3 Recursos financeiros, 50

6.4 Recursos físicos, 51

    6.4.1 Bens de Uso Especial (BUE) ou patrimônio administrativo, 51

    6.4.2 Bens dominiais ou patrimônio disponível, 52

    6.4.3 Bens de Uso Comum (BUC), 53

        6.4.3.1 Bens de uso comum naturais, 53

        6.4.3.2 Bens de uso comum construídos pela administração pública, 53

7 Contabilidade de Custos nas Entidades Públicas, 55

7.1 Origem e evolução da contabilidade de custos, 55

7.2 Conceitos básicos, 55

7.3 Sistemas de acumulação de custos, 56

    7.3.1 Sistema de acumulação por ordem, 56

    7.3.2 Sistema de acumulação contínua ou por processo, 57

7.4 Escopo, 57

7.5 Critérios de avaliação dos materiais, 58

7.6 Encargos sociais sobre a mão-de-obra, 59

7.7 Métodos de custeio, 62

    7.7.1 Método de custeio por absorção, 62

        7.7.1.1 Componentes típicos de custos diretos, 66

        7.7.1.2 Componentes típicos de custos indiretos, 66

        7.7.1.3 O caso da Fábrica de Artefatos de Cimento (FAC), 69

        7.7.1.4 Cálculo do custo de manutenção de estrada vicinal, 78

    7.7.2 Método de custeio variável ou direto, 81

        7.7.2.1 Cálculo do custo de manutenção de estrada vicinal, 82

    7.7.3 Método de Custeio Baseado em Atividades (ABC), 85

        7.7.3.1 Uma aplicação do método de custeio baseado em atividades, 87

    7.7.4 Método de custeio-padrão, 89

        7.7.4.1 Tipos de custo-padrão, 89

        7.7.4.2 Objetivos do cálculo do custo-padrão, 90

        7.7.4.3 Um caso aplicado com base no método de custeio-padrão, 90

8 Resultado Econômico: um Novo Paradigma na Gestão Pública, 95

8.1 Conceitos fundamentais, 95

    8.1.1 Momento do reconhecimento da receita na empresa, 97

    8.1.2 Receita em entidades públicas, 97

    8.1.3 Receita econômica, 98

    8.1.4 Custo de oportunidade, 98

    8.1.5 Momento do reconhecimento da receita econômica, 98

8.2 Resultado econômico em entidades públicas, 99

    8.2.1 Modelo conceitual de mensuração do resultado econômico em entidades públicas, 100

    8.2.2 Aplicação do modelo conceitual de mensuração do resultado econômico, 101

9 Renda Econômica Produzida pela Coisa Pública, 108

9.1 Contracheque econômico, 108

9.2 Distribuição de renda, 109

9.3 Demonstração da distribuição de renda econômica, 112

10 Balanço Social em Entidades Públicas, 117

    10.1 Breve histórico dos relatórios sociais, 117

        10.1.1 *Disclosure* de informações sociais nas entidades, 118

    10.2 Relatório social como instrumento de avaliação de desempenho e transparência, 119

    10.3 Universidade pública: financiamento e responsabilidade social, 120

    10.4 Balanço social: aplicado à universidade pública, 120

        10.4.1 Resultados da aplicação do modelo de balanço social, 121

        10.4.2 Aplicando o modelo conceitual de mensuração do resultado econômico, 123

11 Governança Corporativa na Gestão Pública, 129

    11.1 Termo *governança*, 129

    11.2 Objetivos, 130

        11.2.1 Aumentar o valor da sociedade, 130

        11.2.2 Melhorar seu desempenho, 131

        11.2.3 Facilitar seu acesso ao capital a custos mais baixos, 131

        11.2.4 Contribuir para sua perenidade, 132

    11.3 Princípios, 132

        11.3.1 Transparência, 132

        11.3.2 Eqüidade, 132

        11.3.3 Prestação de contas (*accountability*), 133

        11.3.4 Responsabilidade corporativa, 133

    11.4 Conselho fiscal, 134

    11.5 Conselho de administração, 134

Bibliografia, 137

Prefácio

Desde a Antigüidade, o homem procura controlar seu patrimônio; entretanto, é a partir da publicação do livro *Liber Abaci,* em 1202, escrito por Leonardo Fibonacci, introduzindo os números arábicos no Ocidente, que esta tarefa se torna mais factível e, nesses 803 anos, a humanidade dá esse salto de qualidade na geração e disseminação de informações econômico-financeiras.

Este livro procura evidenciar ao gestor público que os conceitos de Controladoria e Governança estão presentes nas entidades públicas. No entanto, reforça aspectos que devem ser levados em consideração para que haja a maximização do valor dos recursos disponibilizados pelo cidadão ao Estado. Ao combinar um conjunto de temas, o autor procura lembrar suas relevâncias, tanto para a Controladoria como para a melhoria da Governança dos entes públicos, sejam eles governamentais ou do terceiro setor.

Deste modo, este livro, certamente, será delineador de novos pensamentos e de novas visões, desenvolvendo, assim, novos paradigmas na gestão, controle e prestação de contas à sociedade, contribuindo para a minimização da assimetria informacional existente entre o Estado e a sociedade.

Por certo, esta é mais uma contribuição de grande valor deste jovem pesquisador. Todos os estudiosos da Contabilidade, das Finanças Públicas, Auditoria, enfim, todos os que gostam de contabilidade e governança precisam ler, estudar e meditar sobre o excelente trabalho.

São Paulo, 31 de janeiro de 2005.

Sérgio de Iudícibus
Professor Titular Aposentado da FEA/USP
Professor do Mestrado da PUC/SP
Professor Emérito da FEA/USP

Agradecimentos

Agradeço a Deus pela vida.

Agradeço à Profa. Vilma Geni Slomski, doutora em Educação, pelas leituras, sugestões e críticas apresentadas, bem como pela paciência e pelas palavras de carinho e apoio durante a elaboração deste livro.

Agradeço, também, ao Prof. Amaury José Rezende, mestre em Ciências Contábeis, pelas valiosas contribuições e pela parceria na elaboração do capítulo sobre o Balanço Social nas Entidades Públicas.

Agradeço a todos aqueles que de uma forma ou outra me incentivaram com sugestões e contribuições. Assim, coloco-me à disposição dos leitores para críticas e sugestões pelo *e-mail* <valmor@usp.br>.

E, para maiores informações sobre cursos, palestras, seminários sobre os temas tratados nesta obra, acesse o *site* do Instituto Fibonacci: <www.institutofibonacci.com.br>.

O Autor

Introdução

Este livro discute aspectos de Controladoria e de Governança na Gestão Pública, com o objetivo de instrumentalizar os gestores públicos para desenvolverem novos modelos de prestação de contas que alterem paradigmas e respondam às demandas sociais emergentes. Na sociedade pós-moderna, faz-se presente a economia de mercado, onde existe total confiança em sua eficiência. Desse modo, criam-se novos desafios para os gestores públicos e, assim, intensifica-se a necessidade de que os profissionais da área pública preocupem-se com aspectos relacionados com a teoria da agência, entre outros, para minimizar a luta milenar entre a sociedade e o Estado, no que se refere a prestação de contas dos atos governamentais.

Dentro desse contexto, esta obra apresenta e discute conhecimentos teóricos e práticos sobre temas que devem fazer parte das preocupações do *controller* e, ainda, subsidiar os gestores públicos governamentais a desenvolverem modelos de gestão capazes de responder às demandas sociais emergentes e de minimizar, assim, a assimetria informacional entre o Estado e a sociedade.

Outro grupo importante que pode beneficiar-se com os temas tratados neste livro é o das entidades públicas não governamentais, o Terceiro Setor, haja vista que, cada vez mais, o doador do dinheiro espera que a prestação de contas dessas entidades produza simetria informacional.

1

Evolução Histórica da Contabilidade

Neste capítulo serão apresentados, para reflexão, alguns dos aspectos históricos que conduziram a humanidade até o presente momento. Estudando-os, poderemos contribuir nessa árdua tarefa de construção de uma sociedade justa e fraterna. Historiadores e arqueólogos afirmam que a contabilidade, produto da humanidade, existe há aproximadamente 10.000 anos. No entanto, podemos dividir a história da contabilidade em dois períodos distintos para melhor estudá-la: o primeiro período pode ser chamado de contabilidade primitiva – dos primórdios até o ano 1202 da Era Cristã – e o segundo pode ser denominado de contabilidade moderno-contemporânea, que se inicia com a publicação do *Livro do Ábaco*, marco divisor da contabilidade, fato que conduziu a humanidade da barbárie à revolução da informação.

1.1 Contabilidade Primitiva: dos primórdios até o ano de 1202 da era Cristã

Francisco D'Áuria, em seus *Primeiros princípios de contabilidade pura* (1949), escreve que

> "Os primeiros núcleos humanos organizaram-se em sociedade e estabeleceram normas de viver em conjunto; estabeleceram-se comunicações entre os agrupamentos; criou-se a medida das coisas e o seu valor na troca; apareceu a moeda e o crédito; formou-se o fato econômico."

Assim, para corroborar esses fatos, ele apresenta aspectos históricos, os quais reapresento a seguir, acrescidos de outros fatos históricos, como forma de manter viva a memória desse grande pensador contábil brasileiro, no qual se pode observar claramente que o controle das coisas e a contabilidade nasceram há milênios e vêm se aprimorando, com o desenvolvimento da humanidade, até chegar naquilo que hoje denominamos controladoria. Sob o título de contabilidade primitiva (pré-história e Arqueologia), ele nos ensina que se atribui à civilização hindu a veneranda Antigüidade de 8.000 anos. Permite, dessa forma, afirmar que dentre os povos primitivos os que habitam a Índia são os mais antigos, a ponto de esta ser considerada o *berço da humanidade*. Por outro lado, muitos monumentos e documentos, ainda que raros, atestam que a civilização egípcia remonta a 5.000 anos antes de Cristo, o que demonstra o progresso extraordinário daquele grande povo da Antigüidade, em todas as ciências e na organização administrativa.

As memórias e documentos egípcios nos revelam a existência de escribas, talvez anteriores à segunda dinastia dos faraós, em que se lêem estas palavras (D'Áuria, 1949): "Os escribas da alfândega estacionam ao longo do Nilo para cobrarem o dízimo das colheitas." E as figuras esculpidas nas pirâmides mostram esses funcionários empunhando um estilete com o qual gravavam em tábuas notas de pesagem, tendo em sua frente o verificador do peso na balança. A classe dos escribas era a mais considerada, porque a mais instruída, ocupando-se de elevados misteres, como sacerdote, general, exator, engenheiro e arquiteto.

Dentre os hieróglifos existentes nas pirâmides, está "A Conta", desenhando a contagem de rebanho que desfila em frente ao seu proprietário, enquanto um escriba enumera e registra as cabeças de gado. Fala-se, ainda, na existência da "Casa das Contas" em que se fiscalizava a administração do Estado, provavelmente uma espécie de Tribunal de Contas.

Por outro lado, nas bacias dos rios Tigre e Eufrates (Mesopotâmia) situaram-se Caldéia e Assíria, cujas origens também remontam a 5.000 anos antes de Cristo. (Primitivamente povos distintos, mas, com o passar do tempo, a Assíria conseguiria dominar a Caldéia, considerando-a como província sua.) Existiu na Caldéia vasta plantação de palmeiras de tâmaras. As plantas eram recenseadas, constituindo uma escrituração sob a fiscalização do poder civil, que era, ao mesmo tempo, religioso. Nas escavações foram encontradas pedras em que se esculpiram contas, inventários e verificações de bens provenientes de saques ou tributos de guerra.

O Estado caldeu-assírio desmoronou por ausência de ideais elevados e não por má administração. Babilônia caiu sob o domínio dos persas. Entretanto, a organização do Estado era tão perfeita que os conquistadores a mantiveram.

A influência da milenar civilização babilônica fez-se sentir nos outros povos que com ela estiveram em contato. Os pré-helenos, os gregos, os fenícios, os egípcios e outros povos do Mediterrâneo sentiram em sua cultura o influxo da grande civilização mesopotâmica.

Segundo Confúcio, que viveu entre os anos de 531 e 479 a.C., a história da China começa no ano de 2356 a.C. Pelos raros documentos encontrados e mais pela tradição, fez-se uma reconstrução da obra de Confúcio intitulada *Livro da gênese dos antigos chineses*, em que se descreve a evolução das formas humanas. As instruções eram dadas ao povo pela Tábua – *Hwangho* –, trazida no dorso do Cavalo-Dragão. Os ministros também se denominavam "dragões". O soberano

Hien Yuan tomou interesse pela arte do cálculo, criando as medidas de comprimento, capacidade e peso, na base de um sistema decimal, e mandou fundir o metal, para que servisse de moeda circulante. A moeda metálica, em pequena quantidade, remonta ao ano 2205 a.C., sob o reinado de Tang. Consistia em lâminas de cobre e, depois, também de ouro. As primeiras, redondas, as outras, retangulares, todas com furo no centro.

Na distribuição das atribuições administrativas, havia encarregados especializados. A saber:

- *Se-Tu* – imposto sobre imóveis;
- *Se-Mu* – imposto sobre florestas;
- *Se-Kuei* – imposto sobre as águas dos lagos e dos rios;
- *Se-Tsau* – imposto sobre as pastagens;
- *Se-Ki* – imposto sobre a indústria; e
- *Se-Ho* – imposto sobre as mercadorias.

Na Índia, muitos séculos antes de Cristo, já havia grande organização política e administrativa. A vida antiga da Índia é revelada através de seus códigos e, dentre eles, o *Código de Manu*, compilado entre os séculos XVI e VI a.C. Disposições desse código faziam referências à ordem administrativa, principalmente às finanças públicas, vislumbrando-se o registro dos fatos, que D'Áuria transcreve em sua obra:

- "Com seus auxiliares, o soberano examina, continuamente, ... as rendas ... e a consolidação das propriedades adquiridas.
- Deve eleger ... bons e fiéis coletores de impostos.
- Os negócios da comunidade ... como os negócios particulares dos administradores, devem ser controlados por um ministro do Rei...
- O Soberano faça pagar taxas aos mercadores, considerando o preço de compra e venda; o comprimento das viagens, as despesas acessórias para a nutrição e as sofridas para segurar as mercadorias.
- O Rei faça pagar como imposto uma taxa muito módica aos homens de seu reino de ínfima classe e vivendo de comércio pouco lucrativo. Faça saber sua renda atual em todo o seu domínio, por encarregados fiéis. Ponha em toda parte inspetores inteligentes, para examinar os que estiverem a serviço do príncipe."

O texto sagrado termina seus conselhos ao soberano, exortando-o a que "tome interesse, cada dia, na realização de suas obras e inspecione (...) as suas rendas, as suas despesas fixas, as suas minas, o seu tesouro".

No vale do Jordão, confinando com os fenícios, habitava um pequeno povo cuja existência teve grande repercussão no mundo. Essa região era a Palestina e esse povo, o judeu. Jacó foi o chefe da tribo, adquirindo o sobrenome de Israel, que significava *Campeão de Deus*. Daí a denominação de israelita àquele povo.

Os israelitas transferiram-se para o vale do Nilo, onde a tribo se propagara extraordinariamente. Tiveram eles um homem notável, Moisés, educado no Egito, dez séculos a.C. Foi o *grande legislador* e condutor de seu povo, dando-lhe organização política e religiosa. A horda hebraica foi dividida em 12 tribos, cada uma sob a chefia de um príncipe. Formou-se o Senado. As leis gravadas em pedras eram custodiadas no Tabernáculo – Arca Santa –, que era o templo nacional. Os levitas – uma das tribos – administravam a beneficência pública e realizavam funções financeiras.

Saul foi o primeiro rei dos israelitas. A seguir, Davi, e depois seu filho Salomão, nascido no ano de 1032 a.C., que aperfeiçoou a organização administrativa.

Dez séculos a.C., um povo de navegadores e negociantes vagava pelo Mediterrâneo, fundando colônias e realizando seu tráfico com os povos da Ásia, da África, da Europa e das ilhas. Eram os fenícios, que não possuíam território delimitado nem eram constituídos em Estado. Suas origens foram as cidades de Sidão e Tiro. Cartago foi o centro de suas atividades. A palmeira era o signo dos fenícios, pintada nas proas dos seus navios e gravada em suas moedas.

Cartago era, também, o centro da organização política. Pagavam-se tributos em dinheiro e em produtos da terra; direitos aduaneiros, pagos nos portos; e imposto das minas existentes na Espanha.

No Museu Britânico encontram-se duas lápides com inscrições de despesas da administração pública para a construção de templos na ilha de Chipre.

A destruição de Cartago privou a história de documentos que poderiam revelar a organização financeira dos fenícios, que certamente deviam possuir, por sua grande vida comercial e por sua obra construtiva, fundando cidades e colônias.

A Pérsia, antes de Ciro – seis séculos a.C. –, era pequeno Estado tributário dos medas, e seu povo habitava a região montanhosa denominada Farsistan ou Pérside. No ano de 561 a.C., surgiu Ciro, que, hábil condutor, submeteu os medas e triunfou sobre os caldeus-assírios.

Às terras dominadas, Ciro enviou amigos de sua confiança, na qualidade de *sátrapas*, ou prefeitos, para arrecadarem os tributos e pagar as milícias presidiárias.

O rei, para efeito da fiscalização, enviava, anualmente, magistrados especiais – os seus *olhos* e seus *ouvidos* –, com o encargo de verem e ouvirem tudo quanto se passava nas partes mais remotas do reino. Esses inspetores examinavam o andamento político-administrativo das satrapias – que eram 20 –, determinavam e tinham poderes para suspender os sátrapas de suas funções. A divisão da monarquia em satrapias tinha objetivo financeiro-administrativo. Os sátrapas encarregavam-se de lançar, arrecadar e recolher tributos ao erário régio.

Os tributos eram pagos em metais preciosos e mercadorias. A fim de facilitar a contribuição, o rei Dário mandou cunhar pequenos discos de ouro e de prata, com a sua efígie. Foram as primeiras moedas metálicas, preciosas, denominadas *dáricas*, que tinham curso somente nos portos e nas cidades mais próximas ao mar. No interior, para o comércio e para os tributos, continuava-se a usar o metal informe e as mercadorias *in natura*.

A Grécia antiga era constituída por pequenos Estados, tantos quantas eram as cidades, destacando-se: Tebas, Esparta e Atenas. No período de 431-338 a.C., sucederam-se as guerras internas e externas, terminando na batalha de Queronéia, com a vitória do rei Felipe da Macedônia, dando-lhe supremacia no território grego.

Alexandre, o Grande, sucedeu Felipe, promovendo fulminante guerra de conquistas, vencendo os persas, desmoronando-se, assim, o maior Estado do Oriente, que tanto brilhou na organização político-administrativa. Constitui-se um grande império, que dominou todas as margens do Mediterrâneo oriental.

No ano de 332 a.C., Alexandre, o Grande, fundou a cidade de Alexandria, na qual foi montada uma extraordinária biblioteca. No ano de 235 a.C., já havia mais de 500 mil manuscritos. Por volta do ano 646 d.C., quando os árabes atingiram Alexandria, a grande biblioteca ali existente tinha sido completamente destruída. Assim, certamente, muito conhecimento do mundo antigo, sobre administração e contabilidade, desapareceu com ela. Morto Alexandre, o Grande, na Ásia, sucederam-se novas guerras, mas, no ano 205 a.C., Roma dirigiu suas armas contra a Macedônia, estabelecendo-se a discórdia entre os Estados gregos. Dominada a Macedônia, caiu a Grécia em poder dos romanos. A partir do ano 146 a.C., a história da Grécia incorporou-se à história do Império de Roma.

Fundado em 753, a.C., o Império Romano dissolveu-se no ano 476 da Era Cristã. Viveu sob a monarquia, durante 243 anos; sob a República, 480 anos; e 506 como Império. Durou, portanto, 1.229 anos.

Na Monarquia, do ano de 753 a 510 a.C., os Reis exercitavam, ao mesmo tempo, o poder sacerdotal, o judiciário, o militar e o financeiro. O Senado discutia e deliberava sobre os negócios públicos. Os Comícios Centrais, compostos de patrícios, decidiam a guerra, a aprovação das leis, elegiam o rei, e suas deliberações se subordinavam ao Senado. Sob Sérvio Túlio, 578 a.C., o Estado tomou forma democrática, estendendo os direitos dos cidadãos, fazendo-os participar do governo das coisas públicas.

Na República, do ano de 509 a 30 a.C., a alteração mais importante da Constituição foi a distribuição dos três poderes até então centralizados no Rei. O poder sacerdotal foi entregue a um *rex sacrorum* ou *sacrificulus*. O poder civil e o poder militar, a dois cônsules, com qualidade de supremos magistrados civis. A República desenvolveu-se mais, quando predominaram formas democráticas de governo. O patriciado ia desaparecendo, mas seguiu-se uma espécie de nobreza, que julgava lhe pertencerem, exclusivamente, os cargos mais elevados: o consulado, o pretório, a edilidade. As províncias distinguiam-se em consulares (regiões conquistadas) e pretórias (demais regiões).

Durante a República, foi criado o tesouro público, e as receitas ali recolhidas provinham de direito de importação, do imposto sobre sal e de proventos de libertação de escravos. Três *questores urbanis* guardavam o tesouro, arrecadavam os tributos e efetuavam os pagamentos autorizados pelo Senado. Os *questores* prestavam suas contas ao mesmo Senado; não sendo aprovadas, eram expostas ao público para que pudessem ser julgadas pelo povo.

Os magistrados incumbidos das avaliações e taxações da propriedade foram os censores ou censitores. As notícias a respeito da administração de Roma revelam a distribuição em setores ou províncias. A respeito da Metrópole, os informes são mais minuciosos e denotam perfeição e rigor.

No Império, do ano de 30 a.C. até 476 d.C., Tácito, imperador nascido no ano 200 d.C., conhecia, pela escrituração do *Ratinarum*, ou *Breviarium Imperii*, quantos cidadãos e quantos aliados estavam em armas, quantas eram as classes, os reinos, as províncias; qual era a soma dos tributos e provisões, as dotações e as necessidades do Império. Eram verdadeiras estatísticas e perfeitos orçamentos, tais como os que temos atualmente.

Até o imperador Deocleciano, em 284 d.C., a Constituição compreendia a autoridade imperial, com a faculdade de fazer aliciamentos militares, impor tributos, decidir a guerra e a paz, superintender a administração das províncias, convocar o Senado e o povo e dirigir as coisas da religião.

Sob o Império encontra-se a mais perfeita organização administrativa, no setor financeiro. A distribuição dos tributos era feita pelos censitores ou perequatores, sob a direção do governador, em cada província. Os romanos tinham idéias bem definidas a respeito da administração pública, como se vê em Tácito: "receita é meio para a despesa, que é o meio para o fim do Estado".

A Idade Média situa-se entre os anos de 476, queda do Império Romano, e 1492, descoberta da América. Esse longo período de dez séculos de vida social-humana caracterizou-se como época histórica de sucessivas transformações, dela se originando a maior parte dos Estados modernos. Sobre as ruínas do mundo romano, dominaram os povos germânicos, na Europa, e os árabes na Ásia e na África. Sobre as ruínas do paganismo dominante no tempo de Roma, surgiram o cristianismo do Ocidente e o islamismo do Oriente.

Considera-se a Idade Média em duas épocas distintas: de 476 a 800, e daí a 1492. A primeira época foi tenebrosa, marcada pela corrupção e barbárie. No entanto, é nesse período, por volta do ano 500, que os árabes desenvolvem o sistema numérico composto dos números de zero a nove. O descobrimento do zero talvez seja a mais brilhante descoberta da mente humana. Os seguidores de Maomé, por volta do ano 622, já o utilizavam. Inicia-se assim um novo mundo de possibilidades.

O segundo período da Idade Média, no entanto, foi um período de regeneração, o qual abriu espaço para o Renascimento italiano.

1.2 Contabilidade moderno-contemporânea

A contabilidade moderno-contemporânea não existiria sem a aritmética. Foi Leonardo Pisano, "o Fibonacci", que, em 1202, com o seu *Liber Abaci* ou *Livro do Ábaco*, delineou horizonte para a contabilidade moderna, com a introdução, no Ocidente, do sistema numérico indo-arábico de zero a nove, com quase seis séculos de atraso com relação ao Oriente. O *Livro do Ábaco*, como diz Bernstein (1997), é muito mais do que uma cartilha para se aprender a ler e escrever os novos numerais. Fibonacci começa com instruções de como determinar, com base no número de dígitos de um numeral, se ele é uma unidade, um múltiplo de dez, um múltiplo de cem e assim por diante. Os capítulos posteriores exibem um nível de sofisticação maior. Ali encontramos cálculos com números inteiros, frações, regras de proporção, extrações de raízes quadradas e de ordens maiores e até soluções de equações de primeiro e segundo graus.

Por mais engenhosos e originais que fossem os exercícios de Fibonacci, se o livro tivesse tratado apenas da teoria, provavelmente não teria atraído muita atenção além de um círculo restrito de conhecedores da matemática. No entanto, conquistou adeptos dadas as aplicações práticas. Por exemplo: ilustrou várias inovações possibilitadas pelos novos números na contabilidade comercial, como calcular a margem de lucro, o câmbio de moedas, conversões de pesos e medidas e – embora a usura ainda fosse proibida em vários lugares – chegou a incluir cálculos de pagamentos de juros.

A Igreja considerou o uso dos números do sistema numérico arábico heresia, e, em 1299, sua utilização foi banida em Florença. Esse sistema vinha substituir os já milenares sistemas hebraico, grego e romano, que usavam letras para contar e calcular. Contudo, o *Livro do Ábaco* atraiu rapidamente adeptos entre os matemáticos italianos e do resto da Europa.

Como dizem Hendriksen e Van Breda (1999), não sabemos quem inventou a contabilidade; sabemos, porém, que sistemas de escrituração por partidas dobradas começaram a surgir gradativamente nos séculos XIII e XIV em diversos centros de comércio no norte da Itália. O primeiro registro de um sistema completo de escrituração por partidas dobradas é encontrado nos arquivos municipais da cidade de Gênova, Itália, cobrindo o ano de 1340.

Em 1347, os marinheiros que retornavam a Marselha vindos de Caffa, no Mar Negro, trouxeram consigo uma infecção bacterológica conhecida como peste bubônica, uma epidemia que afligiria a Europa e ficou conhecida como a Peste Negra. Quase 100 anos mais tarde, como um dos efeitos secundários, houve um aumento substancial do custo de produção dos manuscritos, com a morte de

Evolução Histórica da Contabilidade **9**

tantos indivíduos literatos. Assim, como costuma acontecer, a necessidade gera a invenção. Gutenberg revolucionou o mundo com a invenção do tipo móvel (a prensa). E, em 1457, o primeiro livro, um livro de salmos, é publicado em Mainz pelo ex-sócio de Gutenberg, Johann Fust.

Poucos anos mais tarde, Veneza transforma-se no centro mundial da imprensa e, assim, é criado o ambiente para a publicação da obra que transformaria o Frei Luca Paccioli no "Pai da Contabilidade". Frade da Ordem dos Mínimos de São Francisco e matemático, Frei Luca Paccioli escreveu seu livro *Summa de arithmetica, geometria, proportioni e proportionalita*, em 1493, onde, ainda, faz referência à beleza dos números romanos, dizendo: "você escreverá primeiro no Razão o ano à maneira antiga MCCCCLXXXXIII (...)", e, ainda, "usemos as letras antigas, pelo menos por uma questão de beleza", evidenciando assim a aceitação plena do sistema numérico arábico.

O Frei Luca Paccioli nasceu em meados do século XV, em San Sepulcro, pequena cidade da Toscana meridional. Depois de viajar pelo Oriente, na Itália, como professor de matemática, é considerado, na época, como autoridade na matéria, e escreve a *Summa de arithmetica, geometria, proportioni e proportionalita*, publicada em Veneza em 1494. Essa obra está dividida em duas partes principais: a *Arithmetica* e a *Geometria*; cada parte é subdividida em *distinctiones* e estas em *tractatus* na *Arithmetica* e *capitula* na Geometria. É na primeira parte, *distinctione* segunda e *tractatus* décimo primeiro, que se encontra a parte relativa à contabilidade. A obra do Frei Luca Paccioli é notória; no entanto, como ele mesmo narra em seu livro, o método das partidas dobradas não é sua invenção, e sim "o modo de Veneza, que é certamente, entre outros, de muito recomendar e mediante o qual todos os outros se podem guiar". Decorridos cinco séculos da publicação de sua obra, não há o que se retocar no método das partidas dobradas, ou seja, para cada crédito haverá sempre um débito de igual valor. Cria-se, com a difusão do livro *Summa de arithmetica, geometria, proportioni e proportionalita* pela Europa, e com tradução para diversos idiomas, a estrutura básica para o desenvolvimento do comércio e das companhias marítimas.

Dois anos antes da publicação do livro de Paccioli, Colombo havia descoberto as Américas e seis anos mais tarde o Brasil é descoberto por Cabral, fruto do comércio e das companhias marítimas em pleno desenvolvimento.

Poucos anos mais tarde, também na América do Sul, com a queda do império dos incas, que reinavam numa parte do Peru desde meados do século X, vencidos pelas incessantes guerras e muitas sucessões no trono inca de 1536 a 1572, o inca (rei) Tupaq Amaru foi seqüestrado pelo capitão espanhol Martin Garcia Oñas e levado até Cuzco, onde foi executado em praça pública no dia 24 de setembro de 1572, onde o conquistador e vice-rei Francisco de Toledo se regozijava diante da execução sumária. Após 36 anos de guerra, os conquistadores do Velho Mundo adquiriam todos os direitos sobre a terra sagrada dos incas. Grande foi a surpresa dos conquistadores (invasores) diante da perfeita organização e adiantada civilização que tinha aquele povo.

A grandeza da civilização inca não se evidenciou apenas em suas técnicas de engenharia, mas também na maneira como organizou seu Estado, criando, para tanto, um sistema de cordas – os *quipus* – para registro alfanumérico, usados nos séculos XV e XVI para codificar suas informações e resolver problemas numéricos.

Assim, no tesouro dos incas foram encontradas grossas cordas, formadas todas elas de cordas finas e terminadas em franjas (*quipus*). Maior foi ainda a surpresa quando souberam que essas cordas eram remetidas pelos governadores das províncias e representavam suas contas pelas rendas arrecadadas e pelas despesas pagas. Não se conhecia o uso de moedas, embora os incas possuíssem um sistema numérico decimal pelo qual elaboravam sua contabilidade. Para favorecer a memorização, utilizavam-se dos *quipus*, que consistiam em uma série de cordinhas que indicavam as dezenas, centenas e os milhares, permitindo que fossem feitos levantamentos que serviam para controle do Estado. Funcionários especializados, os *quipucamayocs*, espécie de escribas, registravam as colheitas, os impostos e até mesmo a história inca nos *quipus*. Evidencia-se, dessa maneira, a existência, no continente americano, de sistemas de controles contábeis, ainda que rudimentares, entre os povos que aqui habitavam.

O historiador Raymond de Roover afirma que o período de 1494 a 1800 pode ser considerado como o período da estagnação contábil. Hendiksen e Van Breda (1999) discordam disso, e comungo com eles de tal discordância, pois esse período se inicia com as grandes navegações, as quais fazem aparecer o continente americano para o Velho Mundo, e termina com a Revolução Industrial; sem a evolução da contabilidade não teria havido a possibilidade de tal avanço econômico e social.

Entretanto, salvo as iniciativas do Marquês de Pombal em 1755, a contabilidade pouco se desenvolveu no Brasil, em vista de que o país manteve-se sob o império português até a chegada da Família Real. Desta maneira, parece-me importante tratar dos fatos históricos para a contabilidade brasileira e, em especial, a contabilidade pública governamental brasileira, a partir da vinda da Família Real para o Brasil em 1808.

A contabilidade brasileira aparece, de fato, com a publicação de um alvará datado de 28 de junho do mesmo ano, quando D. João VI cria o Erário Régio e institui o Conselho da Fazenda, para administração, distribuição, contabilidade e assentamento do real patrimônio e fundos públicos do Estado do Brasil e Domínios Ultramarinos, obrigando os contadores da Real Fazenda a utilizarem o método das partidas dobradas na escrituração mercantil.

O referido alvará, na parte que estabelece normas regulamentares da contabilidade e escrituração do Erário Régio, é concebido nos seguintes termos:

"Para que o método de escrituração e fórmulas de contabilidade de minha Real Fazenda não fique arbitrário e sujeito à maneira de pensar de cada um dos contadores gerais, que sou servido criar para o referido Erário: – ordeno que a escrituração seja mercantil por partidas dobradas, por ser a única seguida pelas nações mais civilizadas, assim pela sua brevidade para o manejo de grandes somas, como por ser a mais clara e a que menos lugar dá a erros e subterfúgios, onde se esconda a malícia e a fraude dos prevaricadores."

Ericeira (2003) mostra-nos que no período de 1821 a 1823 já eram publicadas as demonstrações contábeis da província no *Jornal Conciliador* sob o título "Conta Geral dos Cofres Nacionaes da Província do Maranhão", evidenciando grande evolução na prestação de contas daquela província.

Oliveira (1945), em seu livro *Lições de contabilidade pública*, escreve que:

- "em 1826 discutiu-se a organização de um tribunal de exame das contas;
- em 1827, reclamava o Imperador, da Assembléia Geral Legislativa, a organização de um sistema de contabilidade, porque o que existia ainda não era perfeito;
- em 1828, por uma lei especial, os orçamentos da receita e da despesa tomaram feição mais regular – os balanços de receita e despesa passaram a ser organizados regularmente e os agentes da arrecadação passaram a prestar anualmente suas contas;
- em 1830, a lei votada pelo Poder Legislativo instituiu o Tribunal do Tesouro Público Nacional, do qual fazia parte um contador geral, que dirigia a contabilidade do Império – nessa época já os cargos de Fazenda eram providos por meio de concursos, em cujas matérias era obrigatório o exame de escrituração por partidas dobradas e cálculo mercantil;
- em 1832, é publicado um regulamento expedido pelo presidente do Tribunal do Tesouro Público Nacional que dividiu as contadorias das tesourarias do Império em duas secções: uma de escrituração e outra de contas;
- em 1840, voltando novamente à pasta da Fazenda, Alves Branco, o mais destacado contabilista do Tesouro, nomeou uma comissão, composta de homens notáveis na administração pública, para, reformando a contabilidade pública, organizar um plano estabelecendo normas de escrituração da receita e da despesa, modelos de balancetes, formas de orçamentos, tendo a centralização na Contadoria Geral de Revisão. Dos trabalhos dessa Comissão resultou a adoção do regime do exercício acrescido de um período adicional de seis meses após o en-

cerramento do ano financeiro, criado pelo decreto n° 41, de 29 de fevereiro;

- em 1850, nasce o grande propulsor do desenvolvimento contábil brasileiro, o Código Comercial Brasileiro, que exige a obrigatoriedade da escrituração contábil e da elaboração anual da demonstração do Balanço Geral, composto dos bens, direitos e obrigações comerciais.
- em 1850, o Poder Legislativo autorizou nova reforma do Tesouro Público e das Tesourarias das Províncias, pelo decreto n° 563, de 04 de julho, tendo sofrido alterações pelos decretos n° 736 do mesmo ano, pelo decreto 4.153, de 06 de abril de 1868 e pelo decreto n° 5.245, de 05 de abril de 1873;
- em 1888, 'ao cair da tarde do regime Imperial', o Conselheiro João Alfredo, tratando, em seu relatório, dos preceitos de contabilidade, cogitou a criação de um Tribunal de Contas;
- em 1889, foi proclamada a República Federativa do Brasil;
- em 1890, criou-se o Tribunal de Contas, com a atribuição de examinar, rever e julgar as contas relativas à receita e à despesa, pelo decreto n° 966-A, de 07 de novembro;"

Em 1902, é fundada na cidade de São Paulo a *Escola Prática de Comércio*. A sua criação visava preencher a lacuna decorrente da falta de profissionais brasileiros devidamente preparados para as atividades contábeis e administrativas, situação típica do início do século passado. Naquela época, com a constituição dos bancos e o comércio em franca expansão, as empresas acabavam recorrendo a técnicos estrangeiros para o desempenho dessas funções. Esse pioneirismo transformou esta escola em modelo para os centros que surgiram posteriormente no país.

Em 1906, o conde Antônio de Álvares Leite Penteado atendeu aos pedidos do senador Lacerda Franco e do professor Horácio Berlinck, dois dos fundadores da Escola de Comércio Álvares Penteado, e doou um terreno em frente ao Largo de São Francisco, entre as ruas Benjamin Constant e Senador Feijó, na cidade de São Paulo, onde fora lançada a pedra fundamental do edifício próprio, inaugurado em dezembro de 1908. Em 1923, a escola passa a ser chamada de Fundação Escola de Comércio Álvares Penteado.

Ainda de acordo com Oliveira (1945):

- "em 1914, arrastava-se na Câmara de Deputados o projeto do Código de Contabilidade da União, em que se cogitava de tudo, menos de um corpo técnico para executar a escrituração do Tesouro e demais repartições federais;
- em 1921, antes mesmo de ser sancionada a lei orgânica do Código de Contabilidade Pública, é criada a Contadoria Geral da União como uma

diretoria do Tesouro Nacional pelo Decreto nº 15.210 de 28 de dezembro; com esse decreto foram criados os cargos de contador, subcontador, três chefes de seção e nove de guarda-livros do Tesouro Nacional. Ainda, ao apagar das luzes do ano de 1921, é votada a lei orgânica do Código de Contabilidade da União, que emancipou a Contadoria Geral da República, constituindo-a em repartição autônoma, subordinada diretamente ao Ministro da Fazenda;"

Com a promulgação do Código de Contabilidade da União, em 1922, o qual orienta a elaboração dos Balanços da União, nasce, no Brasil, um dos primeiros instrumentos para orientar a contabilidade pública na esfera da União. Em 1923, é convidado para assumir a Contadoria Geral da União o então diretor da Contabilidade do Tesouro do Estado de São Paulo, Francisco d'Auria, que, com sua posse, deu estabilidade à Contadoria Geral da União. No entanto, somente em 1940 é promulgado o Decreto-lei nº 2.416, de 17 de julho, que institui padrões de normas de orçamento e contabilidade para Estados e Municípios.

Vinte e quatro anos mais tarde, em 17 de março de 1964, é promulgada a Lei nº 4.320, que estatui normas de direito financeiro para elaboração e controle dos orçamentos e balanços da União, dos Estados, dos Municípios e do Distrito Federal. Esta lei, de acordo com Machado Jr. e Costa Reis (1971), representa a seqüência de um processo de aperfeiçoamento das instituições orçamentárias e contábeis iniciado, no Brasil, com os Decretos-leis nºs 1.804, de 24 de novembro de 1939, e 2.416, de 17 de julho de 1940.

No entanto, são necessárias duas décadas da promulgação da Lei nº 4.320 para que, com a difusão do microcomputador, a contabilidade pública brasileira alcance a sua maioridade, criando-se a possibilidade de controle com sistemas informatizados como o SIAFI e o SIAFEM, dentre tantos outros criados por empresas privadas brasileiras para execução, registro, acompanhamento e controle das finanças públicas brasileiras.

Com o advento da Lei de Responsabilidade Fiscal, quase quatro décadas após a promulgação da Lei nº 4.320, criou-se, em 4 de maio de 2000, outro marco para a contabilidade pública brasileira, a qual exige novos padrões de controle e de transparência dos atos dos gestores públicos, e, inclusive, cria a obrigatoriedade da manutenção de sistemas de custos para a administração pública brasileira.

Atualmente, com a Internet e com os sistemas informacionais interligados em tempo real, tais como o SAP, capaz de gerenciar bancos de dados localizados em diversos pontos do globo terrestre, é possível pensar em Controladoria e Governança Corporativa, especialmente em Controladoria e Governança na Gestão Pública, pois nesses 802 anos do *Livro do Ábaco* de Leonardo Pisano, "o Fibonacci", a humanidade dá esse salto de qualidade nas possibilidades de controle, contabilidade, controladoria e governança, para o desenvolvimento das artes, das ciências e da sociedade global.

2

Controladoria na
Gestão Pública

Neste capítulo, discorre-se sobre a controladoria e, ainda, se faz uma rápida incursão nos temas dos capítulos seguintes para que o leitor perceba a importância e a necessidade de terem sido objeto de estudo neste livro.

2.1 Definindo controladoria

Controladoria, termo de difícil definição, no entanto, é feita desde os primórdios. Controladoria é, portanto, a busca pelo atingimento do ótimo em qualquer ente, seja ele público ou privado, é o algo mais, procurado pelo conjunto de elementos que compõem a máquina de qualquer entidade.

Assim, penso que controladoria poderia ser sinônimo de concerto musical, ou seja, é aquele órgão, departamento, secretaria que fará com que haja uma sinfonia (reunião de vozes, de sons, consonância perfeita de instrumentos). Num mundo conturbado, onde cada um é avaliado pelo que produz, é premente a existência de um órgão que faça essa concertação (ato de produzir sinfonia) – onde todos os instrumentos toquem de maneira isolada, porém sob a mesma batuta, ou seja, que todos trabalhem buscando um só objetivo, a maximização do resultado global da entidade.

Para que haja a concertação, é preciso que o ente público conheça-se internamente, saiba quem são seus servidores, quais são suas capacidades, suas virtudes, suas fraquezas. E, externamente, saiba quantos são, quem são, quais são as necessidades dos cidadãos e como atendê-las. Não dá para continuar a administração baseada no *achismo*, onde o gestor público acha que a população precisa de algo. É necessário que se construa um banco de dados único, que chamo Cadastro Geral de Cidadãos, que sirva para todos os entes da federação (União, Estados, Distrito Federal e Municípios), que não haja duplicidade de informações. Pode-se tomar como referência o cadastro elaborado pelo Programa de Saúde Familiar, em que o agente de saúde, passando de casa em casa no Município, cadastra cada um dos moradores, e ao final dos trabalhos resulta em algo como um censo permanente, onde fosse possível ter um placar informando quantos são os cidadãos que habitam o município, em tempo real, sem a necessidade de futuros censos decenais.

Com base em informações sobre quem são, quantos são, quais são os cidadãos, será possível criar programas que sejam permitidos no Plano Diretor do Município, para o atingimento do bem-estar da coletividade de maneira racional, baseado em informações que possam ser medidas e utilizadas como instrumento para a verificação do atingimento das metas definidas no Plano Plurianual.

Fazer controladoria é, também, sinônimo de gerir o banco de dados global do ente público, pois não dá para pensar em controladoria dissociada de sistemas de informações estruturados, capazes de responder em tempo real sobre receitas, despesas, bens públicos de uso especial, de uso comum e dominial, enfim, sobre o patrimônio econômico, financeiro, social, cultural, turístico e ambiental existente no município.

2.2   Motivos para o estudo da controladoria na gestão pública

O *controller*, no ente público, deve ter em mente que a administração pública é milenar e desde os primórdios os gestores públicos vêm buscando o ótimo em seus resultados, embora nem sempre voltados ao atendimento das necessidades da sociedade, porém sempre buscaram controlar, administrar e registrar as receitas e as despesas do ente público, ainda que as despesas tenham sido, em sua maioria, para manter os gastos da corte. Isso, entretanto, é coisa do passado. Atualmente, na grande maioria dos Estados, vigora o regime democrático de governo, em que, aparentemente, as coisas pioraram, pois no passado eram raras as notícias de corrupção, de fraude nos cofres públicos, enfim, de desvios de recursos públicos. Atualmente, ouve-se, diariamente, um caso de malversação de recursos aqui e outro acolá. Vejam como as aparências, às vezes, enganam, pois no passado a malversação de recursos, certamente, existia, contudo, quando descoberta não era divulgada para a sociedade. Vivemos num mundo de informações, onde é quase impossível esconder desvios de recursos públicos; mais cedo ou mais tarde eles aparecerão e os envolvidos serão denunciados.

O Estado e a sociedade travam uma luta milenar, pois desde os primórdios o Estado tenta informar os seus atos por meio de prestações de contas originadas dos livros de contabilidade, apesar de perfeitas, sob o aspecto aritmético, que mostra o que foi arrecadado e onde foi gasto, existe uma brutal assimetria informacional, pois o Estado informa, mas o cidadão não entende. É como se houvesse um ruído, algo como se alguém falasse o idioma russo para pessoas que falam e entendem apenas o português. É preciso compreender a prestação de contas e, ainda, para quem o Estado presta contas: para um contribuinte ou para um sócio?

A teoria do agenciamento (*agent theory*) procura explicar a relação existente entre o principal e o agente. No Estado, o cidadão é o principal e o governante e os servidores públicos são os agentes. Assim, pergunta-se: quais são os incentivos proporcionados pelo Estado para que o agente trabalhe para a maximização do valor do dinheiro da sociedade? A sociedade brasileira vem eliminando, nos últimos anos, incentivos (estabilidade e aposentadoria integral etc.) aos servidores públicos no afã de reduzir gastos; contudo, ainda não mensurou o valor dos serviços públicos para compará-los com os gastos, como é feito na iniciativa privada.

Dessa forma, a sociedade brasileira pode estar cometendo um erro fatal. Sem servidores públicos de carreira, sem incentivos, talvez tenha no futuro um quadro de servidores desqualificados e incapazes, pois o mercado certamente continuará a dar incentivos aos seus funcionários, tais como: planos de saúde familiar, complemento de aposentadoria, participação nos lucros etc. Dessa maneira, o mercado conquistará os melhores profissionais para seus quadros e o Estado ficará com servidores sem a qualificação necessária para gerir e desenvolver a coisa pública.

O *controller* deve ter em mente que as entidades públicas sofrem externalidades positivas e negativas e, além disso, que padecem do problema denominado de risco moral, pois, dado o contrato social, o cidadão poderá alterar seu comportamento sempre que lhe for conveniente. Desse modo, faz-se necessário considerar em seu modelo de decisão essas variáveis que afetam diuturnamente o ente público.

Cabe ressaltar que a sociedade civil cria inúmeras entidades, algumas denominadas de entidades públicas governamentais e outras de entidades públicas não governamentais (Terceiro Setor), que agem precipuamente nas falhas do governo ou onde o governo não pode, ou não caracteriza a atividade como prioritária, ou seja, em funções que deveriam ser desenvolvidas pelo Estado. Assim, o *controller* deve ter as entidades públicas não governamentais (Terceiro Setor) como supridoras de serviços públicos governamentais quando da concessão de subvenções, de isenções, de imunidades fiscais e trabalhistas e, assim, deve cobrar em suas prestações de contas os resultados físicos, financeiros e econômicos para que a sociedade possa avaliar os seus desempenhos frente aos eventuais benefícios concedidos.

O processo de planejamento nos municípios brasileiros com mais de 20 mil habitantes inicia-se com o plano diretor, seguido pelos planos de governo e plurianual, pelas leis de diretrizes orçamentárias e de orçamento anual. Poucos dão atenção ao plano de governo dos candidatos a prefeito em suas campanhas eleitorais. No entanto, é nele que estão as ações que irão compor o plano plurianual.

Assim, nesses municípios, o eleitor atento pode verificar se o que o candidato promete fazer é permitido no plano diretor do município, para que possa fazer parte do plano plurianual, aquele que será executado nos próximos quatro anos, três de seu mandato e um do próximo. Esse instrumental é de vital importância para que o município tenha as suas ações planejadas e executadas de acordo com a legislação vigente no município.

Os recursos públicos compõem-se do tripé recursos humanos, recursos financeiros e recursos físicos. O *controller* não poderá, de maneira alguma, fazer qualquer dissociação entre esses recursos ao avaliar a gestão da coisa pública. As pessoas que compõem o quadro de servidores nas entidades públicas são os recursos mais relevantes, pois sem eles o gestor (prefeito, governador etc.) não fará aquilo que é a função precípua da administração pública: prestar serviços para a produção do bem comum. Sem os recursos financeiros não haverá a possibilidade da gestão de pessoas nem de qualquer prestação de serviços. O terceiro componente do tripé (recursos físicos) deve ser considerado na prestação de serviços, tornando-se necessário que se mensure e se proceda ao registro da depreciação desses bens como custo dos serviços prestados à população. E, ainda, é necessário que o *controller* tenha em mente que existe outro conjunto de bens, os bens de uso comum construídos pela administração pública (os bens de infra-estrutura), que devem ser registrados contabilmente para que a contabilidade espelhe claramente o patrimônio da entidade.

Outro tema de grande relevância para a administração pública é a contabilidade de custos, pois com esse instrumento o gestor público terá clareza de quanto custa o serviço público oferecido à sociedade. Além disso, é uma imposição da Lei de Responsabilidade Fiscal, que em seu art. 50, inciso VI, § 3º, diz textualmente que "a Administração pública manterá sistema de custos que permita a avaliação e o acompanhamento da gestão orçamentária, financeira e patrimonial". Assim, é premente que o *controller* estimule os gestores públicos a implantarem sistemas de custos nas entidades públicas brasileiras, como forma de minimização da assimetria informacional entre o Estado e a sociedade, tendo números sobre os custos dos serviços prestados e também para atender ao dispositivo legal.

O resultado econômico em entidades públicas se apresenta como um novo paradigma para o *controller* de entidades públicas. Não basta saber quanto arrecadou e como gastou, é preciso evidenciar para a sociedade qual foi o resultado econômico produzido pelo gasto, quais e quantos foram os serviços prestados, qual é seu preço de mercado, qual a receita econômica produzida, se a entidade está produzindo lucro ou prejuízo econômico. A sociedade está ávida por informações que minimizem a assimetria informacional entre ela e o Estado. Evidenciar a eficiência na gestão dos recursos públicos é algo que deve ser perseguido; na Demonstração do Resultado Econômico será refletida com a apresentação de Lucro Econômico.

Outro ponto importante que será tratado é o da distribuição de renda, uma vez que é fundamental que o *controller* da coisa pública tenha a percepção de que as entidades públicas governamentais e não governamentais produzem e distribuem renda econômica; em cada unidade de serviço prestado se transfere valor para o cidadão, valor (preço) que ele deixa de pagar para a obtenção daquele serviço. Ao se observar desta maneira fica visível que o servidor público é um produtor de valor para a sociedade e que o serviço público tem valor e deve ser estimulado e ampliado, mesmo que muitos digam o contrário.

Como forma de evidenciação da distribuição da renda econômica produzida, pode ser elaborado o contracheque econômico, o qual pode ser instrumento de demonstração da renda produzida e distribuída para a família do cidadão. A elaboração e apresentação do contracheque é uma ação a ser perseguida e alcançada, pois o gestor público que romper a barreira de comunicação e evidenciar o valor produzido para a sociedade certamente será reconhecido pelos seus munícipes como bom gestor público.

Ao conduzir a coisa pública, é preciso ter como pressupostos a transparência, a eqüidade, a prestação de contas (*accountability*) e a responsabilidade corporativa, princípios defendidos pelo Instituto Brasileiro de Governança Corporativa (IBGC). Esses pressupostos devem ser considerados quando da implantação da governança corporativa na gestão pública. Assim, é papel do *controller* conduzir esse processo e, especialmente, envidar esforços para que seja implantado o Conselho Municipal de Administração, órgão que tem a função de assessorar o prefeito nos governos locais para que ele referende sua decisão antes de implementá-la, para que a sociedade possa atenuar o impacto de decisões que hoje são submetidas à Câmara de Vereadores, que faz o papel de Conselho de Administração e de Conselho Fiscal (com o auxílio do Tribunal de Contas), em geral sobre decisões já tomadas, já implementadas e com todos os riscos e problemas já causados.

Prestar contas é um dos princípios das boas práticas da governança corporativa. O balanço social pode ser um instrumento a ser utilizado pelo gestor público para a minimização da assimetria informacional entre a sociedade e o Estado. Se bem elaborado, produzirá uma informação que ainda não é prestada pelo conjunto de relatórios produzidos pela administração pública brasileira. O balanço social, ao evidenciar as ações por secretaria de governo, fará com que o cidadão possa comparar o que fora realizado no ano de sua publicação com os balanços de anos anteriores e/ou futuros.

 Nos próximos capítulos, esses temas serão tratados com maior profundidade, pois os considero imprescindíveis para que a controladoria e governança na gestão pública atinjam suas metas ou resultados desejados. Considera-se que esses tópicos devam fazer parte das preocupações dos administradores públicos governamentais e não governamentais. Este livro enfatiza aspectos da administração de entidades públicas governamentais; entretanto, muitos dos conceitos, temas e exemplos aqui tratados aplicam-se às entidades públicas não governamentais (Terceiro Setor).

3

Sociedade, Estado e Teoria do Agenciamento

Neste capítulo, discorre-se sobre a sociedade, o Estado e a teoria do agenciamento com o objetivo de caracterizar o Estado como uma entidade que pode ser vista sob o feixe de contratos que ela representa. Dentre esses contratos, o mais significativo é o que representa, por um lado, o cidadão – como Principal – e, por outro, o governante eleito – como Agente.

3.1 Sociedade

O termo *sociedade* tem sido empregado, conforme assinala o sociólogo americano Parsons, apud Bonavides (1995), como a palavra mais genérica que existe para exprimir todo o complexo de relações do homem com seus semelhantes. As principais teorias, de acordo com Bonavides (1995), que procuram explicar os fundamentos da sociedade são:

a) a teoria orgânica, que deriva do tronco milenar da filosofia grega descende de Aristóteles e Platão, que assinalam, com efeito, o caráter social do homem; e

b) a teoria mecânica, que é predominantemente filosófica e não sociológica. Seus representantes mais típicos foram alguns filósofos do direito natural desde o começo da Idade Moderna, tais como o publicista da Baviera, na Alemanha, von Seidler, que combateu energicamente a doutrina organicista, dizendo: "Assim como a soma de 100 homens não dá 101, da mesma forma a adição de 100 vontades não pode produzir a 101ª vontade"; no caso, a vontade social ou a vontade política como realidade nova e com vida fora e acima das vontades individuais.

Salvetti Netto (1977) apresenta uma distinção entre as sociedades, caracterizando-as como "sociedades contingentes e sociedades necessárias".

a) **sociedades contingentes:** são as sociedades circunstanciais, aquelas que podem deixar de existir, tais como as sociedades esportivas, econômicas, filantrópicas etc.;

b) **sociedades necessárias:** as sociedades necessárias subdividem-se em três espécies: a familiar, a religiosa e a política.

A primeira sociedade necessária é a família, pois o homem, ao nascer, já se encontra vinculado aos pais e ascendentes. Para Rousseau (1996), "a mais antiga de todas as sociedades, e a única natural, é a família, como já o afirmava Aristóteles em seu livro *Política*". Contudo, para ele os filhos só permanecem ligados ao pai enquanto necessitam dele para a própria conservação; assim que essa necessidade cessa, dissolve-se o vínculo natural. Isentos os filhos da obediência que deviam ao pai, isento o pai dos cuidados que devia aos filhos, todos passam a ser igualmente independentes. Assim, a família é o primeiro modelo de sociedade e a sua primeira lei consiste na sobrevivência.

Para Rousseau (1996), porém, se continuam unidos, já não é de maneira natural, mas de maneira voluntária, e a própria família só se mantém por convenção.

Morgan, apud Engels (1997),[1] assinala que a família é o elemento ativo, nunca permanece estacionária, mas passa de uma forma inferior para uma forma superior, à medida que a sociedade evolui de um grau mais baixo para outro mais elevado. Por outro lado, os sistemas de parentesco, pelo contrário, são passivos; só depois de longos intervalos registram os progressos feitos pela família e não sofrem uma modificação radical, senão quando a família já se modificou radicalmente (apud Engels, 1997). Os sistemas de parentesco e formas de família, a que se refere Engels (1997), diferem dos atuais no seguinte: "Cada filho tinha vários pais e mães."

O estudo da história primitiva, segundo Engels (1997), revela-nos um estado de coisas em que os homens praticavam a poligamia e suas mulheres, a poliandria. Por conseqüência, os filhos de ambos tinham que ser considerados comuns.

Após a domesticação dos animais e a criação do gado, segundo Engels (1997), abriram-se mananciais de riqueza até então desconhecidos, criando relações sociais inteiramente novas. Antes disso, a riqueza duradoura restringia-se à habitação, às vestes, aos adornos primitivos e aos utensílios necessários para a obtenção e preparação dos alimentos, tais como o barco, as armas, os objetos caseiros mais simples. Nessa fase, com suas manadas, os povos pastores haviam criado riquezas que necessitavam apenas de cuidados primitivos para sua

---

1   Foi o primeiro que, com conhecimento de causa, tratou de introduzir uma ordem precisa na pré-história da humanidade, e sua classificação permanecerá certamente em vigor até que uma riqueza de dados muito mais considerável obrigue a modificá-la.

reprodução cada vez maior, fornecendo, assim, abundante alimentação de carne e leite. Engels pergunta a quem, no entanto, pertencia essa riqueza nova e responde afirmando não haver dúvida de que, na origem, pertenceu à gens,[2] embora ele próprio acredite que bem cedo deve ter-se desenvolvido a propriedade privada. Na divisão do trabalho na família de então, cabia ao homem procurar a alimentação e os instrumentos necessários para obtê-la, e à mulher cabiam os afazeres e os utensílios domésticos. Segundo os costumes daquela sociedade, o homem era o proprietário do novo manancial de alimentação, o gado, e, quando da separação do casal, levava-o consigo. Não passava, assim, seus bens por herança a seus filhos, uma vez que os bens, quando de sua morte, pertenciam à sua gens, e não ao clã da mãe de seus filhos.

Com o aumento da propriedade privada, o homem passa a ocupar uma posição mais importante do que a mulher na família. Dessa forma, começa a valer-se disso para modificar, em proveito de seus filhos, a ordem de herança estabelecida. Engels (1997) afirma que isso não se poderia fazer enquanto permanecesse vigente a filiação segundo o direito materno. Esse direito teria que ser abolido, e o foi. (...) Tal revolução – uma das mais profundas que a humanidade já conheceu. Com o direito paterno estabelecido, o casamento monogâmico afirma-se para assegurar a fidelidade da mulher e, por conseguinte, a paternidade dos filhos, exigindo-se que ela seja indiscutível porque os filhos, na qualidade de herdeiros diretos do pai, estarão, um dia, herdando seus bens.

A segunda sociedade necessária é a sociedade religiosa, pois, além de social, o homem é um ser "metafísico", constituído de matéria e espírito, e necessita da sociedade religiosa para aperfeiçoar-se e desenvolver-se espiritualmente.

A terceira sociedade necessária é a sociedade política, na órbita temporal, a mais importante, a que garante e dá condições de existência às outras sociedades. O conceito de sociedade política, aqui adotado, terá por base a filosofia organicista, por entender-se que essa sociedade não é apenas um conjunto de partes isoladas e, sim, um ente criado pelos indivíduos que os representará, através do qual serão reconhecidos e no qual a vontade da maioria será a vontade da sociedade, com vida fora e acima das vontades individuais.

A sociedade política tem como base o contrato social, nascido do pacto construído pela vontade de seus membros. Rousseau em seu livro *O contrato social*, trata desse tema especificamente sob o título *Do pacto social*, dizendo:

> "suponho que os homens tenham chegado àquele ponto em que os obstáculos prejudiciais à sua conservação no estado de natureza sobrepujam, por sua resistência, as forças que cada indivíduo pode empregar para se

---

    2   Em 1877, Morgan introduziu o termo *gens* na antropologia anglo-americana no lugar de *clã*, então em voga. Mais tarde os antropólogos norte-americanos reservaram o termo *gens* para os grupos de descendência patrilinear, em oposição ao termo *clã*, que era aplicado aos grupos matrilineares.

manter nesse estado. Então, esse estado primitivo já não pode subsistir, e o gênero humano pereceria se não mudasse o seu modo de ser".

O instinto de sobrevivência e de conservação da espécie faz com que o homem aja contra si mesmo, como indivíduo, aceitando ser cerceado de parte de sua liberdade para conviver em sociedade e formar, por agregação, um conjunto de forças capazes de sobrepujar a resistência. Rousseau (1996) afirma que o homem precisa "encontrar uma forma de associação que defenda e proteja, com toda a força comum, a pessoa e os bens de cada associado, e pela qual cada um, unindo-se a todos, só obedeça, contudo, a si mesmo e permaneça tão livre quanto antes". Elemento essencial e original da doutrina de Rousseau, "a essência do corpo político está na concordância entre a obediência e a liberdade". Assim, esse é o problema fundamental cuja solução é fornecida pelo contrato social.

Para Rousseau, as cláusulas desse contrato são de tal modo determinadas pela natureza do ato que a menor modificação as tornaria inúteis e sem efeito, de sorte que, embora talvez jamais tenham sido formalmente enunciadas, são em toda parte as mesmas. "(...) bem compreendidas, essas cláusulas se reduzem todas a uma só, a saber, a alienação total de cada associado, com todos os seus direitos, a toda a comunidade e será o instrumento balizador da sociedade chamada doravante de Estado".

3.2 Estado

O termo *Estado*, como definidor da sociedade política, é de criação moderna, pois, de acordo com Salvetti Netto (1977), na Antigüidade clássica, usavam-se as palavras *polis*, entre os gregos, e *civitas*, entre os romanos. O termo *Estado* surge pela primeira vez com Maquiavel,[3] no seu famoso opúsculo *O príncipe*.

De acordo com Bobbio e Bovero (1986), desde as primeiras páginas do *Política*, Aristóteles (1252) explica a origem do Estado enquanto *polis* ou cidade, valendo-se não de uma construção racional, mas de uma reconstrução histórica das etapas através das quais a humanidade teria passado das formas primitivas às formas mais evoluídas de sociedade, até chegar à sociedade perfeita que é o Estado.

No entanto, Punfendorf (apud Bobbio e Bovero, 1986, p. 66) diz que quando um grupo de pessoas quer proceder à instituição de um Estado, antes de qualquer coisa é preciso estipular entre si um pacto, "com o qual manifeste a vontade de se unir em associação perpétua", e o que dá sustentação inicial a essa associação é o contrato social não escrito, não formal, pois só em um segundo momento a sociedade se reunirá para escrever a Constituição que dará suporte

---

3   Escritor e estadista florentino, sua obra *O príncipe* é caracterizada pelo princípio amoralista de que os fins justificam os meios.

a essa nova instituição doravante chamada de Estado ou de sociedade política, que para Salvetti Netto (1977) constitui-se de três elementos: os materiais, os formais e o elemento final.

1. **Os elementos materiais são:**

    a) a população: que representa, na sociedade política, o elemento humano, comum a todas as sociedades, sejam contingentes ou necessárias; e

    b) o território: é a porção limitada do globo terrestre ou a limitação espacial da soberania.

2. **Os elementos formais são:**

    a) o ordenamento jurídico: conjunto de normas emanadas pelo Estado; e

    b) o governo soberano: o governo confere ao Estado sua coloração política. É a organização necessária para o exercício do poder, a força que conduz a coletividade para o cumprimento das normas que cria, estabelece e exige como condição para a convivência social.

3. **O elemento final é o bem comum:** o Estado existe para realizar o bem comum. Daí se conclui que ele não constitui um fim em si mesmo, mas um instrumento necessário, para que os indivíduos evoluam e aperfeiçoem-se, criando, como diz Cathrein (apud Salvetti Netto, 1977), "as condições indispensáveis para que todos os seus membros, nos limites do possível, atinjam, livre e espontaneamente, sua felicidade na terra".

Uma vez escrita e aprovada a carta constitucional, o contrato social explícito, o Estado fica obrigado a prestar alguns serviços aos cidadãos, e estes, como diz Simonsen (1994), submetem-se às leis decretadas pelo Estado. Em particular, obriga-se a pagar impostos, necessários ao sustento da máquina estatal. No Código Tributário Nacional encontra-se a definição do que é imposto: é um tributo cuja obrigação tem como fato gerador uma situação, independentemente de qualquer atividade estatal específica, relativa ao contribuinte. É pago coativamente, independentemente da contraprestação imediata e direta do Estado, como ocorre, também, nas sociedades contingentes. Uma vez estabelecido no estatuto social, o indivíduo que propôs contribuir com algum dinheiro para a formação do seu patrimônio o fará de forma coativa, caso contrário não será considerado sócio, pois essa obrigação é inerente à sua condição de associado da sociedade. O associado quer vê-la crescer e se desenvolver e não espera dela uma contraprestação mediata e direta, mas sim aquilo que o seu estatuto social se propõe realizar como objetivos sociais.

Rousseau ressalta que é preciso encontrar uma forma de associação que defenda e proteja com toda a força comum a pessoa e os bens de cada associado. Porém, este autor não se refere ao cidadão nem ao povo de forma genérica, mas sim ao associado que procura, por intermédio dessa associação, a defesa pessoal e de sua família e a defesa de suas propriedades privadas, por meio do ordenamento jurídico. Para tanto, fica obrigado a despojar-se de parte do que é seu em benefício da "associação", que, mais adiante, passa a ser denominada de Estado.

No entanto, o homem, o indivíduo, o cidadão, que abriu mão de parte de sua liberdade em troca do convívio social, percebe que as decisões da sociedade política eram limitadas a poucos, em detrimento da maioria. Com a urbanização, esse problema se agrava, exigindo alterações na forma de condução da sociedade, forçando, dessa maneira, a diminuição do poder dos governantes que se deu com o direito ao voto. De acordo com Elias (1970), o voto estendeu-se primeiramente à classe média proprietária, depois a todos os adultos do sexo masculino, depois a todos os adultos, tanto homens como mulheres.

Da constatação feita por Elias, pode-se presumir que eram associados da sociedade política:

- primeiro os proprietários dos meios de produção, pois eram eles que contribuíam financeiramente para a manutenção da máquina estatal;
- com o decorrer do tempo, porém, todos os homens adultos vieram a ter direito de votar e de serem votados, haja vista que passaram a pagar impostos sobre a renda assalariada e, por conseguinte, também passaram a ser sócios com direito à escolha de seus representantes;
- mais tarde, com o ingresso da mulher no mercado de trabalho, esse direito estendeu-se a ela, já que se tornou também uma sócia contribuinte;
- hoje, no Brasil, mais especificamente, todos (homens e mulheres) com mais de 16 anos, de forma facultativa, e a partir dos 18 anos até os 70 anos, de forma obrigatória, passam a ter direito ao voto para escolha de seus representantes, pois fazem parte do mercado de trabalho e do mercado consumidor, já que pagam impostos sobre a renda dos serviços vendidos e sobre o consumo de bens e serviços. Assim, constituem a sociedade política com direitos e deveres para com ela. Aproximam-se, desse modo, daquilo que fora dito por Rousseau quando da instituição do pacto social, ou seja, encontrar uma forma de associação que defenda e proteja, com toda a força comum, a pessoa e os bens de cada associado.

Assim, para desenvolver as tarefas do Estado (segurança pública, saúde, educação etc.) nasce a administração pública, que passa a arrecadar impostos para a sua manutenção.

3.2.1 Imposto ou integralização de capital

No preâmbulo da Carta Constitucional brasileira, promulgada em 5 de outubro de 1988, lê-se:

> "Nós, representantes do povo brasileiro, reunidos em Assembléia Nacional Constituinte para instituir um Estado Democrático destinado a assegurar o exercício dos direitos sociais e individuais, a liberdade, a segurança, o bem-estar, o desenvolvimento, a igualdade e a justiça como valores supremos de uma sociedade fraterna, pluralista e sem preconceitos, fundada na harmonia social e comprometida, na ordem interna e internacional, com a solução pacífica das controvérsias, promulgamos, sob a proteção de Deus, a seguinte Constituição da República Federativa do Brasil."

E, para o cumprimento das obrigações constantes na Carta Constitucional, o Estado brasileiro exige impostos. Mas, seriam impostos? Rousseau fala em "associação". Atualmente, fala-se em sociedade ao referir-se a um povo específico. O Código Tributário Nacional define imposto como um tributo cuja obrigação tem como fato gerador uma situação, independentemente de qualquer atividade estatal específica, relativa ao contribuinte. Contudo, quem impõe o tributo é o Estado de Direito. De acordo com Simonsen (1994), Estado de Direito é aquele cujo contrato social impede a ação discricionária dos governantes. Portanto, não havendo ação discricionária dos governantes, tal imposição partiu do povo (vide preâmbulo da Carta Constitucional de 1988), por meio de seus representantes eleitos para tal função.

No capitalismo permite-se todo tipo de associação ou sociedade, desde que lícitas, ou seja, sem ferir os princípios estabelecidos nas leis. Dessa forma, conhece-se muito bem o que é uma sociedade, que pode ser com fins lucrativos ou sem fins lucrativos. A mais estudada entre elas é a sociedade com fins lucrativos, que pode ser chamada de empresa, companhia, firma etc.

Para constituir uma sociedade com fins lucrativos, basta que uma ou mais pessoas tenham algum capital e uma idéia para criá-la, objetivando sempre suprir alguma necessidade manifestada pela sociedade, ou, através do produto ou serviço criado, originar essa necessidade de consumo.

Do ponto de vista contábil, o capital dos sócios – o dinheiro integralizado – para a criação da sociedade é colocado na conta contábil "Capital Social", que representa a quantia de dinheiro investido inicialmente para a formação do patrimônio da empresa e que será aplicado em equipamentos, edificações, matéria-prima, mão-de-obra etc., com o intuito de gerar aquele produto ou serviço que se pretende oferecer à sociedade. Para que a empresa cresça e se desenvolva, faz-se necessário que transfira/venda o seu produto ou serviço com lucro que se somará ao capital dos sócios, no Patrimônio Líquido na conta contábil Lucros Acumulados, aumentando, assim, o capital dos sócios.

Quando da análise da evolução dos agregados sociais, viu-se que o homem criou a "associação" que se transformou no Estado e que este cresceu e passou a oferecer serviços úteis aos cidadãos, objetivando atender às necessidades públicas sociais e meritórias. Os cidadãos, por sua vez, passam a manter essa sociedade através do pagamento de impostos, tratados contabilmente, no Estado, como receita.

No entanto, deve-se verificar que a teoria da contabilidade não corrobora tal procedimento, pois, de acordo com Iudícibus et al. (1979),

> "... entende-se por receita a entrada de elementos para o ativo, sob forma de dinheiro ou direitos a receber, correspondentes normalmente, à venda de mercadorias, de produtos ou à prestação de serviços. Uma receita também pode derivar de juros sobre depósitos bancários ou títulos e de outros ganhos eventuais".

Dessa maneira, pode-se questionar se entidades prestadoras de serviços (escolas, postos de saúde etc.), criadas e mantidas pelo Estado, são entidades com fins lucrativos ou sem fins lucrativos? Uma vez que estas entidades maximizam o retorno do capital aos cidadãos, via oferecimento de serviços que atendem às necessidades meritórias, assim, assemelham-se às entidades com fins lucrativos, como poderá ser verificado ao se mensurar a receita econômica.

Entende-se, sob esse enfoque, que os impostos arrecadados pelo Estado e transferidos para essas entidades devem ser considerados contabilmente como integralização de capital dos sócios, a serem aplicados em ativos. Esses ativos, por sua vez, serão consumidos no exercício social em que são exigidos, ou em exercícios subseqüentes, na geração de receitas para a entidade, haja vista que a sociedade reúne-se anualmente através de seus representantes (Deputados Federais, Deputados Estaduais e Vereadores), quando se define quanto deverá ser exigido e o que será oferecido à sociedade, via Lei de Diretrizes Orçamentárias e Lei de Orçamento Anual.

De posse dos recursos arrecadados, oriundos do pagamento de impostos "integralização de capital", o Estado prestará serviços à sociedade, bem como fará distribuição e/ou redistribuição de renda. E, ao final do exercício, restarão valores que serão evidenciados na conta contábil Saldo Patrimonial, que evidencia o potencial de serviços futuros a serem colocados à disposição da sociedade.

3.2.2 Funções clássicas do Estado

A primeira das funções do Estado é a de alocação de recursos, uma vez que o Estado fora criado para atender às necessidades públicas, quais sejam:

a) necessidades sociais: são as que não podem ser satisfeitas pelo mecanismo de mercado, porque sua fruição não pode sujeitar-se a pagamentos de preço. Ex.: campanha sanitária que eleve o nível geral de saúde, despesas com o sistema judiciário, que garante a segurança interna e impõe o cumprimento de obrigações contratuais, proteção contra agressão estrangeira e proteção dos direitos legais de propriedade;

b) necessidades meritórias: são aquelas que também são atendidas pelo setor privado e, portanto, estão sujeitas ao princípio da exclusão. Ex.: educação gratuita, merenda escolar, saúde curativa e preventiva gratuita, distribuição de medicamentos, subsídio para casas de baixo custo etc. Entretanto, algumas dessas necessidades meritórias estão muito próximas das necessidades sociais, tais como a de educação gratuita e de atendimento de saúde gratuito, uma vez que a qualidade de vida em sociedade melhora sensivelmente quando se têm indivíduos educados e com saúde. Contudo, quando as necessidades meritórias não são plenamente satisfeitas pelo mercado, o Estado, por meio do orçamento público, as oferece, conforme a demanda social, de forma gratuita ou subsidiada. Por outro lado, se a necessidade for considerada indesejada, o Estado a tributará com veemência, desencorajando ou até proibindo o atendimento de tal necessidade. Exemplo: os cigarros, as bebidas alcoólicas etc.

A segunda função do Estado é a de distribuição de renda – que é dada pelo sistema de tributação e transferência. Na atual conjuntura brasileira, verifica-se grande atividade governamental no que se refere à distribuição de renda, via ações compensatórias, tais como: as transferências de renda por meio da entrega de cestas básicas; a subvenção ou auxílio na construção de residências populares; o auxílio-desemprego; o programa de renda mínima e a bolsa-família, e, talvez o maior programa de renda mínima do mundo, a aposentadoria para maiores de 65 anos, entre outros.

Neste livro procurar-se-á evidenciar que os serviços prestados pelos governos (da União, dos Estados, do Distrito Federal e dos Municípios) promovem distribuição de renda, quando considerados os custos de oportunidade desses serviços prestados aos cidadãos. Num país onde prevalecem as leis de mercado, é sabido que todas as necessidades meritórias têm preços de mercado e, por isso, ao usufruir um serviço prestado pelo Estado, em qualquer de suas esferas, há uma transferência de renda econômica ao cidadão.

Contudo, as necessidades meritórias e as necessidades sociais são atendidas, no Brasil, pelas três esferas de governo, dadas as imperfeições do sistema federativo no Brasil, que não define pontualmente quais são as atribuições de cada uma delas. Para exemplificar tais imperfeições, pode-se citar o § 2º do art. 23 da Carta Constitucional de 1988, que prevê: "É competência comum da União, dos Estados, do Distrito Federal e dos Municípios: cuidar da saúde e assistência pública, da proteção a garantia das pessoas portadoras de deficiência." Há os que advogam que as necessidades públicas devem ser atendidas pelos governos locais sempre que fosse possível. Bresser Pereira (1998), comentando uma frase repetida pelo então governador do Estado de São Paulo, André Franco Montoro, disse: "O que pode ser feito pelo município não deve ser feito pelo estado; e o que pode ser feito pelo estado, não deve ser feito pelo governo central." Entende-se, assim, que é no governo local que devem ser desenvolvidas as ações de atendimento às necessidades meritórias.

Allen (1985) afirma que se tem observado que os países que dispõem de um sistema administrativo local particularmente forte e efetivo têm-se mostrado muito mais dinâmicos e com muito mais êxitos econômicos nos últimos anos.

A Suíça, por exemplo, nunca teve um Ministério da Educação ou um Ministério da Saúde; os assuntos pertinentes a esses Ministérios são tratados em nível local e, geralmente, por unidades administrativas muito pequenas.

Os governos locais da Suécia manejam fundos três vezes maiores que os manejados pelo governo central. Também este e outros países, com comparáveis administrações autônomas – como, por exemplo, os restantes dos países nórdicos, a Áustria, os Países Baixos, os Estados da República Federal da Alemanha, os Estados da Nova Inglaterra e da Califórnia nos EUA –, gozam de economias fortes e de padrões de vida insuperáveis em relação a qualquer outro país do mundo.

Observando as afirmativas de Allen (1985), parece improvável que isso seja mera coincidência, já que, quanto mais forte for o governo local, menos problemas deixarão de ser resolvidos com tempestividade.

A terceira função do Estado é a de estabilização da moeda – esta difere das outras duas, pois concentra seus esforços na manutenção de um alto nível de utilização de recursos e de um valor estável da moeda. Por ser uma função macroeconômica, cabe apenas ao governo federal utilizar as principais armas para controlar as flutuações econômicas e promover o crescimento econômico, que são a política monetária e a política fiscal.

Assim, para desenvolver as três funções, o Estado vale-se de um corpo de servidores que, agenciados, trabalham para a maximização do valor do dinheiro da sociedade.

3.3 Teoria da agência

Ronald Coase (1937), em seu *seminal paper* "A natureza da firma", caracterizou a firma como uma região de troca na qual o sistema de mercado era suprimido e a alocação de recursos era realizada, em vez de no mercado, por autoridade e direção, uma vez que sua preocupação estava centrada nos custos de contratação com o mercado. Segundo ele, as atividades necessárias devem ser incluídas dentro da firma sempre que os custos de mercado forem maiores que os custos de usar a autoridade direta.

Alchian e Demsetz (1972) opõem-se à noção de que as atividades dentro da firma são governadas pela autoridade e, corretamente, enfatizam o papel do contrato como veículo para a troca voluntária. Corroborando esses autores, Jensen e Meckling (1976) dizem que as relações contratuais são a essência da firma, não só com empregados, mas também com fornecedores, clientes, credores etc.

Para Fama (1980), a perspicácia de Alchian e Demsetz (1972) e Jensen e Meckling (1976) foi terem visto a firma como um conjunto de contratos entre fatores de produção.

É com essa visão que se encaminham as discussões neste livro, uma vez que as entidades públicas podem ser analisadas sob o prisma dos contratos entre os fatores de produção e que as atividades necessárias devem ser incluídas dentro do Estado sempre que os custos de mercado forem maiores que os custos de usar a autoridade direta.

3.3.1 Relação agente-principal no Estado

Coase (1937) afirma que, sempre que o custo de mercado for maior que o custo de produção direta, deve-se optar pela produção direta. Essa posição deve ser assumida pelo Estado, que, neste caso, não difere em nada de uma firma, ao contrário, assemelha-se a ela, ao suprir as necessidades meritórias da sociedade. O Estado poderia comprar serviços, pelos quais, no entanto, teria que pagar preço. Ele toma, então, a decisão de produzi-los. Essa produção acontece a custo para o Estado, pois o governo contrata pessoas, compra matéria-prima, constrói prédios públicos para a produção desses bens e serviços, enfatizando um conjunto de contratos entre os fatores de produção. Brousseau (1993) define contrato como um acordo através do qual os agentes se obrigam uns com os outros a ceder ou se apropriar, criar ou não criar certas coisas. Essa forma de atuação pressupõe que o Estado e suas entidades sejam vistos e analisados sob a perspectiva da teoria dos contratos, dada a relação de agência existente. No entanto, para que essa relação de agência exista, Siffert Filho (1996) apresenta as três condições necessárias, quais sejam:

1. o agente (o gestor público) dispõe de vários comportamentos possíveis a serem adotados;
2. a ação do agente (gestor público) afeta o bem-estar das duas partes;
3. as ações do agente (gestor público) dificilmente são observáveis pelo Principal (cidadão), havendo, dessa forma, assimetria informacional.

Assim, pode-se afirmar que as entidades públicas devem ser vistas sob a perspectiva da teoria dos contratos, dada a existência das três condições necessárias. Corroborando essa visão, Siffert Filho, referindo-se aos estudiosos do assunto, declara que alguns (notadamente Williamson, 1985) sustentam que a essência de todas as "instituições" sociais – a firma, mais ainda o Estado, a tribo, a família etc. – pode ser compreendida a partir da análise dos "contratos".

Entretanto, a sociedade civil cria outras formas de gestão pública (não governamental), onde está presente a relação de agência. Uma delas, que se assemelha claramente ao governo local (município), é o condomínio residencial, onde, normalmente, tem-se um conjunto de membros que são responsáveis por sua administração por um período predeterminado.

Assim como no governo local (município), o condomínio é constituído por um poder executivo e um poder legislativo, e por eleição escolhem-se os seus representantes. No condomínio, a assembléia ordinária é convocada, especialmente para a eleição do seu Conselho Diretivo, composto por: um síndico e um subsíndico (poder executivo) e alguns conselheiros (poder legislativo), que representam, respectivamente, os poderes no governo local.

Dessa maneira, ao final da assembléia ordinária convocada para a eleição, há os membros eleitos: para síndico, Sr. Thiago (morador do apartamento 1), cabendo a ele a administração geral do condomínio; como subsíndico, Sr. Paulo Roberto (morador do apartamento 2), cabendo a ele substituir o síndico em sua ausência; como conselheiros, Sr. João Henrique (morador do apartamento 3), Sr. Renato (morador do apartamento 4), Sra. Juliana (moradora do apartamento 5), Sr. Fernando (morador do apartamento 6), Sra. Laura (moradora do apartamento 7), Sra. Carla (moradora do apartamento 8), Sra. Roberta (moradora do apartamento 9) e a Sra. Raíssa (moradora do apartamento 10), que têm por função acompanhar a gestão do condomínio, aprovar e autorizar o orçamento anual e, no final da gestão, emitir parecer sobre as contas, aprovando-as ou não.

É importante observar que, como no governo local, todos devem residir e/ou ser proprietário do ente que irão administrar durante a vigência de seus mandatos e pelo ente serão civil e juridicamente responsáveis. E, ainda, estarem em dia com seus compromissos condominiais, segundo o estatuto, o contrato social daquela sociedade chamada condomínio, que tem por finalidade promover o bem-estar dos moradores (dos condôminos), cuidando para que as áreas comuns (piscina, quadra de futebol, churrasqueira, sala de ginástica, salão de jogos, salão de festas, jardins etc.) sejam preservadas, conservadas, limpas e mantidas em condição de uso. Além disso, e por decisão do corpo diretivo, em função da insegurança vivida atualmente, devem manter um sistema de portaria e vigilância com câmeras e controle de entradas e saídas de carros e pessoas no condomínio. Dessa maneira, se faz necessário que cada um dos condôminos, como no governo local (moradores e/ou proprietários das unidades do ente), pague mensalmente a taxa condominial (imposto condominial), que garantirá a prestação de serviço que produzirá o conforto e o bem-estar de cada morador.

Para tanto, o senhor síndico contrata pessoas (empregados) para que assumam as funções de zelador, porteiros, vigilantes e auxiliares de limpeza, e assim gerem esses confortos aos moradores (aos condôminos), criando, dessa forma, uma relação de agência.

É necessário frisar que, quando se fala de um condomínio, todos têm a percepção de que é seu, que o condomínio pertence aos proprietários, mesmo assim, poucos se interessam em trabalhar para a coletividade. A maioria dos membros não se dispõe a trabalhar para a comunidade, muitos estão preocupados com sua vida privada e preocupam-se com o que é público somente quando são chamados a pagar mais ou quando o serviço não está a seu contento.

Observe que são tão similares que já não sabemos se estamos falando do condomínio ou do governo local; ambos são iguais, diferem apenas em tamanho e complexidade. Se no condomínio já é difícil fazer com que o condômino participe, onde, normalmente, está sua residência, muito mais difícil será fazer o cidadão sair de sua residência para contribuir para a melhoria da gestão da coisa pública, seja no governo local, no governo estadual/distrital e ou no governo da união federal.

Para minimizar esse problema na relação de agência, a contabilidade pública governamental para as entidades públicas da administração direta (União, Estados e Distrito Federal e Municípios) e indireta (fundações e autarquias) ou a contabilidade pública não governamental, para entidades públicas não governamentais (condomínios, associações, fundações privadas, igrejas, sindicatos etc.), desenvolvem modelos de prestação de contas, a fim de minimizar a assimetria informacional entre a sociedade e o Estado e nas entidades do Terceiro Setor.

3.3.2 Assimetria informacional no Estado

Discutindo diretrizes para a elaboração de um novo modelo de gestão pública, Janny Teixeira e Santana (1994) asseveram que a Administração Pública e suas entidades, em certo sentido, "pertencem" aos cidadãos. E, ainda, que não existem, em geral, canais adequados para que os cidadãos façam ouvir suas reivindicações, nem há meios efetivos de informação sobre o que se passa dentro da administração pública. Daí agravar-se a larga margem de insatisfação popular para com os serviços prestados pelo Estado e a desconfiança do público em geral sobre a forma como são geridos os recursos, pagos direta ou indiretamente pela população.

Esses pontos de vista deixam clara a existência de um problema de comunicação entre Agente e Principal, Estado e Sociedade (emissores e receptores), aumentando, portanto, a incerteza dos membros dessa sociedade sobre o que acontece no interior da coisa pública.

Ao comentarem a assimetria informacional, Pindyck e Rubinfeld (1994) declaram que se as informações estivessem amplamente disponíveis e se a monitoração da produtividade dos trabalhadores não envolvesse custos, os proprietários de uma empresa poderiam estar seguros de que seus administradores e funcionários estariam trabalhando com eficácia. Entretanto, na maioria das organizações os proprietários não têm condições de monitorar tudo o que fazem seus funcionários, isto é, os funcionários possuem melhores informações do que os proprietários.

Assim como nas empresas privadas, não é possível monitorar todas as ações dos servidores públicos, pois o Agente (gestor eleito – prefeito, no Município) possui muito mais informações sobre a entidade que dirige do que o Principal (cidadão). Gera-se, assim, assimetria informacional externa, dado que o cidadão não sabe com certeza se o Agente está maximizando o retorno de seu capital na produção de bens e serviços como ele desejaria. Por outro lado, existe também a assimetria interna, haja vista que os servidores públicos, na qualidade de Agentes, possuem mais informações sobre suas áreas de atuação do que o gestor eleito, na condição de Principal. Dessa maneira, o prefeito (Agente de 1º estágio) não tem informações suficientes para saber com exatidão se todos os componentes da cadeia Agente-Principal, nos mais diversos estágios, estão seguindo as suas diretrizes, a fim de alcançar a maximização que ele deseja para poder prestar contas ao cidadão (Principal).

Na Figura 3.1, demonstra-se a cadeia Agente-Principal, onde ocorrem os problemas de assimetria informacional no Município:

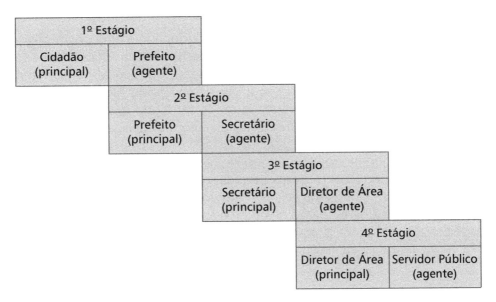

Figura 3.1   *Cadeia agente-principal no Município.*

Analisando a cadeia de Agente-Principal, nos diversos estágios observa-se que existe uma relação de agência no Estado. No Brasil, o cidadão delega, via eleição, ao gestor eleito a gerência da entidade como um todo. Este, por sua vez, delega áreas da entidade a ministros ou secretários de Estado. Estes delegam subáreas aos diretores que, por fim, delegam funções aos servidores públicos. Como conseqüência, por não ser possível monitorar todas as atitudes dos agentes, haverá assimetria informacional.

3.3.3 Incentivos no sistema agente-principal

Baseando-se na premissa de que o Agente dispõe de mais informações que o Principal para o processo de tomada de decisões, o Agente poderá procurar atingir seus próprios objetivos, mesmo que incorram em menores lucros para o Principal. Assim, para minimizar essa possibilidade, existe a necessidade de elaborar sistemas de recompensas, de tal maneira que os Agentes aproximem seus objetivos aos objetivos do Principal.

Kaplan e Atkinson (1982) discutem o problema de incentivos no sistema Agente-Principal, dizendo que gerentes da firma trabalham para maximizar seus ganhos e para maximizar a própria participação na organização. Contudo, eles incorrem em custos pessoais, pois dedicam seu tempo, seu conhecimento e seu esforço para maximizar o ganho da firma. Dessa maneira, as empresas, como forma de incentivá-los a continuarem do mesmo modo, oferecem participação nos lucros, planos de saúde, possibilidade de ascensão funcional etc.

Discutindo o problema de incentivos no Estado, que é uma organização na qual existe um feixe de contratos complexos entre os proprietários dos recursos econômicos (principal) e os gestores (agentes), que são responsáveis pelo uso e controle desses recursos, faz-se necessário elaborar modelos capazes de maximizar a compreensão dessa estrutura, de tal modo que o cidadão possa observar o valor dos serviços produzidos pelo conjunto de agentes. Como ocorre nas empresas privadas, os agentes do Estado e de suas entidades também dedicam seu tempo em troca de uma remuneração. Assim, do mesmo modo como os empregados das empresas privadas, os servidores públicos esperam obter uma remuneração maior pela produtividade obtida no exercício de suas funções, tais como a participação nos lucros econômicos produzidos para a sociedade etc.

4

Entidades Públicas, Externalidades e Risco Moral

O objetivo deste capítulo é evidenciar que entidades públicas são as que produzem produtos ou serviços que visam ao bem-estar da sociedade. Destaca, ainda, que as externalidades, a incompletude dos contratos e o risco moral sofridos pelo Estado impactam a gestão da coisa pública e, assim, mostra a necessidade de os administradores públicos incluírem em seus modelos de decisões estas variáveis, as quais nem sempre são passíveis de administração pelo Estado.

4.1 Entidades públicas governamentais

São entidades públicas governamentais todas as entidades do quadro da administração direta e indireta da União, dos Estados e do Distrito Federal e dos Municípios, as autarquias e as fundações instituídas e mantidas pelo poder público.

Essas entidades, por força de lei, farão sua contabilidade de acordo com a Lei nº 4.320/64, seguirão os preceitos da Lei de Responsabilidade Fiscal e obedecerão à Lei de Licitações. Dessa maneira, sua contabilidade será uma contabilidade orçamentária, em que a receita seguirá o disposto na Portaria Interministerial nº 163, de 4 de maio de 2001, e suas alterações, e a despesa seguirá o rito instituído pela Portaria nº 42, de 14 de abril de 1999, no que se refere à elaboração do orçamento, observando-se as funções de governo, subfunções, programas, projetos, atividades e operações especiais.

São funções de governo, portanto: Legislativa, Judiciária, Essencial à Justiça, Administração, Defesa Nacional, Segurança Pública, Relações Exteriores, Previdência Social, Saúde, Trabalho, Educação, Cultura, Direitos da Cidadania, Urbanismo, Habitação, Saneamento, Gestão Ambiental, Ciência e Tecnologia, Agricultura, Organização Agrária, Indústria, Comércio e Serviços, Comunicações, Energia, Transportes, Desporto e Lazer e Encargos Gerais.

É importante ressaltar que a maioria das funções de governo é desempenhada, de forma concomitante, pelos três níveis de governo (União, Estados e Distrito Federal e Municípios), fazendo com que o cidadão não saiba claramente a quem recorrer quando não é atendido. Neste ponto, o Estado brasileiro deve avançar. Tomemos, por exemplo, uma das funções de governo mais sensíveis para a sociedade, a Educação, que tem como subfunções: o Ensino Fundamental, o Ensino Médio, o Ensino Profissional, o Ensino Superior, a Educação Infantil, a Educação de Jovens e Adultos e a Educação Especial.

Ao observarmos o texto da Carta Constitucional Brasileira de 1988, o art. 205 diz que "a educação, direito de todos e dever do Estado e da família ...". O art. 208 explicita que "o dever do Estado com a educação será efetivado mediante a garantia de: I – ensino fundamental obrigatório e gratuito...".

Tomando o ensino fundamental como exemplo, a União mantém o Colégio Pedro II, no Rio de Janeiro. O Estado do Rio de Janeiro mantém muitas escolas de ensino fundamental e o Município do Rio de Janeiro também mantém escolas de ensino fundamental; desse modo, entende-se que é preciso definir com a máxima urgência com qual dos três níveis de governo deve ficar essa subfunção, haja vista que o pai não saberá claramente a quem recorrer quando não existir vaga para seu filho.

Onde existem duas ou mais estruturas de planejamento da educação, por exemplo, haverá gastos desnecessários de recursos públicos. São conhecidos casos, ainda que estapafúrdios, como o do prefeito que, para receber de volta os recursos do Fundef, constrói uma escola pública municipal ao lado da escola pública estadual, que está atendendo às crianças no ensino fundamental e, ainda, faz campanha, oferecendo benefícios para que os pais retirem seus filhos da escola estadual e os matriculem na escola municipal. Tal definição de atribuição de responsabilidade para o município – no caso do Ensino Fundamental – trará, com certeza, uma economia aos cofres públicos do Estado brasileiro e a certeza para os pais das crianças, em idade escolar, por saberem a quem recorrer quando houver problemas de oferta, de qualidade de ensino etc.

4.2 Entidades públicas não governamentais

São entidades públicas não governamentais todas as entidades criadas pela sociedade civil, tais como: as Organizações Sociais (OS); as Organizações da Sociedade Civil de Interesse Público (OSCIPs); as Organizações Não Governamentais (ONGs); as Entidades Sem Fins Lucrativos; as Fundações Privadas; as Associações etc., que gozem ou não de quaisquer de benefícios fiscais e/ou previdenciários.

Com relação à contabilidade, entendo que devam manter um sistema de contabilidade orçamentária que possa evidenciar para seu Conselho Fiscal ou equiparado quais foram os atos praticados pela Diretoria Executiva e, ainda, para que a sociedade civil saiba claramente em que função de governo a entidade pública não governamental está consumindo os recursos por ela doados.

Por exemplo, uma Entidade Sem Fins Lucrativos resolve criar e manter um asilo com recursos da sociedade civil. É importante e necessário que ela informe órgãos como a Receita Federal, que poderá criar uma espécie de prestação de contas aberta, em sua página de Internet, por exemplo, em que fiquem evidenciadas as doações recebidas, cruzadas pelas declarações individuais, quem são os dirigentes da entidade, quanto ganham e, o mais importante, em quais funções de governo essa entidade gastou os recursos recebidos, se na função de governo Administração ou se na função Assistência Social – subfunção Assistência ao Idoso. Dessa maneira, quando todas as entidades públicas não governamentais, ditas do Terceiro Setor, prestarem contas, a sociedade brasileira saberá o montante com que a sociedade civil está contribuindo para o atendimento de necessidades que são *a priori* função do Estado brasileiro e, ainda, os doadores de recursos poderão observar se a maioria dos recursos está sendo destinada, por exemplo, para manter a administração da entidade ou para manter a assistência ao idoso.

Dessa maneira, entendo que é preciso que as entidades do Terceiro Setor utilizem a contabilidade orçamentária nos moldes da contabilidade pública governamental, evidentemente sem os rigores da Lei nº 4.320/64, da Lei de Responsabilidade Fiscal e/ou da Lei de Licitações. E, ainda, que contadores criem escritórios de contabilidade especializados em contabilidade para entidades públicas não governamentais. Ressalto esse tema para que o gestor da controladoria do ente público governamental perceba a proximidade e a importância dessas entidades, pois elas agem nas falhas do governo, dado que o governo concede, para muitas, benefícios fiscais e parafiscais.

Sabe-se que a maioria é responsável e presta serviços relevantes para a sociedade, contudo, existem aquelas entidades públicas não governamentais que são conhecidas com "pilantrópicas", que não têm nada de filantrópicas e que precisam ser banidas, e só o serão com uma atenção mais próxima dos doadores dos recursos e com a colaboração dos órgãos de governo responsáveis pela fiscalização das isenções concedidas.

4.3 Externalidades

As externalidades são ações de uns que afetam outros. Refletir sobre as externalidades na administração pública é essencial para a geração de políticas públicas capazes de capitalização das externalidades positivas, e de ações duras, quando da geração de externalidades negativas, por membros da sociedade. Pois, segundo Samuelson e Nordhaus (1993), são atividades que afetam terceiros, positiva ou negativamente, sem que esses tenham de pagar ou sejam compensados por essas atividades.

A entidade pública é afetada diuturnamente por externalidades de forma direta, seja pelo emprego de pessoas, seja pelo desemprego. Quando a pessoa é empregada em uma firma, passa a ter rendimentos que poderão comprar serviços que, antes, lhe eram oferecidos pelos serviços públicos. O contrário também é válido: a pessoa, quando desempregada, passa a necessitar dos serviços públicos pela incapacidade de provê-los às suas custas.

E, de forma indireta, a entidade pública é afetada, como declaram Samuelson e Nordhaus (1993), desde que a nossa sociedade passou a ter uma grande densidade populacional e cresceu o volume de produção de energia, de produtos químicos e de outros materiais e os efeitos negativos para o exterior passaram de pequenas poluições a ameaças globais. É aqui que entra o governo. As regulamentações governamentais estão destinadas a controlar as externalidades como a poluição do ar e da água, minas a céu aberto, resíduos perigosos, drogas e materiais radioativos. Essas externalidades indiretas fazem com que a demanda por serviços públicos de saúde, entre outros, cresça além da oferta estimada, gerando problemas de risco moral, ou seja, a maximização dos capitais das empresas poluidoras que não tratam os seus efluentes.

Pode-se dizer que tais externalidades afetam diretamente a entidade pública no que diz respeito ao oferecimento de serviços, dada a demanda estimada. Dentro do agenciamento, o Agente (gestor público), por ter mais informações sobre aquilo que dirige, procura, mediante proposição de regulamentação, evitar externalidades que venham a aumentar a demanda de serviços por parte do Principal (cidadão), uma vez que não pode, pela condição de membro da sociedade, limitar ou proibir-lhe a fruição dos serviços públicos, cerceado que está pela incompletude dos contratos.

4.3.1 Externalidades positivas

Externalidade positiva é todo o ato praticado por alguém que afeta positivamente o bem-estar de outros, sem que haja qualquer custo para os mesmos. Para exemplificar, pode-se dizer que quando alguém resolve pintar sua casa ou investir em melhorias em seu jardim, todos os moradores daquela rua, bem como os transeuntes, serão beneficiados com uma rua mais bonita, mais agradável para se viver. Entretanto, todos os custos ficaram para o proprietário daquela casa. É esse tipo de atitude que produz externalidade positiva, haja vista que outros foram beneficiados sem que tivessem tido qualquer custo para usufruí-lo.

4.3.2 Externalidades negativas

A externalidade negativa, ao contrário da externalidade positiva, é todo ato praticado por alguém que transfere os custos para terceiros em benefício próprio. Para exemplificar, pode-se dizer que, quando a fábrica despeja resíduos de sua produção no leito do rio, produz uma externalidade negativa. (Muitos contadores têm denominado esse procedimento de Custos Ambientais, os quais deveriam ser informados nos balanços das empresas poluidoras do meio ambiente.) A externalidade negativa minimiza os custos de produção da fábrica ao não tratar os resíduos de produção (esgoto), fazendo com que a sociedade, por meio da estrutura do Estado, faça a recuperação do dano causado ao bem-estar dos ribeirinhos que viviam da pesca, bem como daqueles que se banhavam em suas águas e, ainda, aumentando o custo de produção da empresa fornecedora de água potável, se esse rio for de captação de água para a população.

O Estado procura combater de todas as formas as externalidades negativas emitindo regulamentos, decretos, leis com o objetivo de minimizar o custo do Estado e, desta forma, fazendo com que os custos privados sejam levados para os custos dos produtos. É sabido que muitas vezes os Estados "deixam" que ocorra a degradação do meio ambiente quando desejam que seus produtos sejam competitivos internacionalmente. No entanto, isso não pode ocorrer por muito tempo, como fizeram os países europeus que já trataram de seus rios e, agora, combatem a poluição.

A sociedade paulista, por exemplo, trava um duro combate para a diminuição da poluição de seus rios Tietê e Pinheiros que, hoje, são verdadeiras valas de esgoto a céu aberto, criando estações de tratamento de esgoto, cobrando taxas de coleta, enfim, coisas que não eram possíveis em décadas passadas e que se fizeram "necessárias" para o desenvolvimento de suas indústrias.

Outros exemplos de externalidades negativas combatidas pelo Estado são: (a) trabalho infantil – igual à criança analfabeta, por conseqüência, cidadão analfabeto; (b) fumaça da chaminé – igual a aumento de problemas de saúde, degradação ambiental, entre outros; (c) venda de drogas – igual à degradação familiar, social, problemas de saúde, diminuição de produtividade, entre outros; (d) dirigir sem cinto de segurança – igual a traumatismos, cegueira, gastos elevados na recuperação, entre outros.

4.4 Contratos incompletos

No que diz respeito à incompletude dos contratos, Siffert Filho (1996) afirma que os contratos podem ser considerados incompletos em função da impossibilidade de se prever todas as contingências possíveis de ocorrer ao longo da sua execução. Nesse mesmo sentido, Hart (apud Siffert Filho, 1996, p. 76) chama a atenção para o fato de que a maioria dos trabalhos teóricos considera que a assimetria informacional existente na relação agente-principal impede a implantação de um contrato completo.

No Estado, ficam patentes os contratos incompletos, uma vez que a Carta Constitucional define, de forma clara e bastante profunda, os direitos dos cidadãos, que dela fazem uso em sua plenitude. Contudo, quanto aos deveres contidos nela e nas legislações pertinentes, o mesmo não ocorre. Eles não são cumpridos facilmente pelos cidadãos, já que é significativa a dificuldade do Estado em prever as diversas formas e meios de ações econômicas, políticas e sociais de todos os membros da sociedade, haja vista a complexidade atual da sociedade globalizada.

Conforme se tratou no Capítulo 3, a sociedade política nasceu visando ao bem-estar social e, com o tempo, passou a desenvolver atividades provedoras de serviços aos cidadãos. Como conseqüência, a máquina estatal cresceu e os problemas avolumaram-se de tal modo que o povo, por meio de seus representantes, deseja a diminuição do Estado, por não existir uma forma clara de demonstrar quais e quantos são os contratos existentes no emaranhado desta entidade chamada Estado.

4.5 Risco moral

Siffert Filho (1996) define risco moral ou *moral hazard* como ações dos agentes econômicos visando maximizar sua própria utilidade, mesmo que para tal seja necessário valer-se de falhas ou omissões contratuais por não arcar plenamente com o custo de suas atitudes. Em situações de risco moral os agentes econômicos agem mesmo que suas ações se dêem em detrimento dos outros, pois a natureza incompleta dos contratos abre a possibilidade à sua manifestação.

Ao se referirem ao risco moral, Pindyck e Rubinfeld (1994) afirmam que, quando uma pessoa encontra-se plenamente segurada mas não pode ser meticulosamente monitorada por uma companhia de seguros que disponha de informações limitadas, seu comportamento poderá alterar-se após o seguro ter sido adquirido. Este é o problema do *risco moral* que ocorre quando a parte segurada pode influenciar a probabilidade ou magnitude do evento que é fato gerador do pagamento.

Em face da condição de membro da sociedade, o cidadão, pelo contrato social constitucional, tem direito de utilizar, sempre que necessário, qualquer serviço público. Dessa forma, ao ser oferecido um serviço público com qualidade e tempestividade, igual àquele que o membro da sociedade vinha obtendo na rede privada, ele poderá passar a utilizá-lo. O serviço público, por sua vez, sofrerá o impacto dessa utilização não prevista em seu dimensionamento, pois, quando a entidade pública dimensiona o serviço, considera uma demanda estimada que poderá ser superada quando forem atingidos pontos ótimos de qualidade, pois o Estado e suas entidades não conseguem monitorar a real necessidade daquele que os procura para a fruição dos serviços públicos.

Dessa forma, pode-se dizer que o risco moral acontece, também, nas entidades públicas, pois alguns membros da sociedade procuram maximizar sua própria utilidade, mesmo que em detrimento da função utilidade de terceiros. Por exemplo: o município instala um posto de saúde em um bairro da cidade, com uma oferta de dez consultas médicas por dia, com base na demanda estimada pela procura dos habitantes da região ao posto do bairro vizinho. Devido à nova realidade, com a proximidade do novo posto de saúde os habitantes do bairro passam a procurá-lo para consultas médicas por coisas que antes eram resolvidas com o chá da vovó ou, então, com o convênio médico que deixaram de possuir, ocorrendo aí o problema do risco moral, porque o posto de saúde foi instalado no bairro para atender àquela necessidade inicial diária de dez consultas médicas. No entanto, essa população passará a sofrer com a falta de médicos, o que acarretará filas, postergações de atendimento, por causa da alta procura que o posto de saúde passou a ter em virtude de mudança de comportamento dos habitantes.

5

Processo de Planejamento
nos Municípios Brasileiros

O objetivo deste capítulo é fazer com que o leitor compreenda o processo de planejamento implantado no Estado brasileiro e, assim, possa entender e contribuir para a melhoria dos gastos públicos.

5.1 Refletindo sobre o planejamento público

O processo de planejamento nos Municípios brasileiros se dá por meio de um conjunto de instrumentos, tais como: o Plano Diretor do Município, o Programa de Governo, o Plano Plurianual, a Lei de Diretrizes Orçamentárias e a Lei de Orçamento Anual.

No entanto, é necessário fazer uma reflexão sobre as desigualdades existentes entre os Municípios brasileiros, pois, de acordo com o Instituto Brasileiro de Geografia e Estatística (IBGE), no ano 2000 existiam no Brasil 5.506 Municípios, com populações variando entre 795 habitantes no Município de Borá (SP) e 10.434.252 habitantes no Município de São Paulo (SP).

Dados mais atualizados do FINBRA, da Secretaria do Tesouro Nacional, informam que, atualmente, existem 5.558 Municípios no país, dos quais, aproximadamente, 74% têm população inferior a 20.000 habitantes. Deste modo, o legislador, conhecedor desses dados, escreve o Estatuto da Cidade obrigando somente os Municípios com mais de 20 mil habitantes a instituírem um Plano Diretor, dispensando dessa obrigatoriedade os demais municípios em seu processo de planejamento.

5.2 Plano diretor no Município

A Carta Constitucional de 1988, em seus arts. 182 e 183, trata da Política Urbana. A Lei nº 10.527, de 10 de julho de 2001, denominada de Estatuto da

Cidade, em seu Capítulo III, art. 40, diz que o Plano Diretor é o instrumento básico de política de desenvolvimento e expansão urbana. Em seu parágrafo primeiro, lê-se que o Plano Diretor é parte integrante do processo de planejamento municipal, devendo o plano plurianual, as diretrizes orçamentárias e o orçamento anual incorporar as diretrizes e as prioridades nele contidas. Nos parágrafos segundo e terceiro, do referido artigo, pode-se verificar que: (a) o Plano Diretor deverá englobar todo o território do município e (b) a lei que o instituir deve ser revista, pelo menos, a cada dez anos.

Assim, o processo de planejamento municipal inicia-se, obedecendo ao disposto no art. 41 da Lei nº 10.527/01, pelo plano decenal de política urbana, dado pela lei que instituir o Plano Diretor, haja vista que é esta lei que organiza o crescimento e o funcionamento da cidade.

Como dizem Bonduki et al. (2003), é no Plano Diretor que está o projeto da cidade que queremos. Ele diz quais os objetivos a serem alcançados, em cada área da cidade e, para, viabilizá-los, identifica instrumentos urbanísticos e ações estratégicas que devem ser implementadas. Ele orienta as prioridades de investimentos da cidade, ou seja, indica as obras estruturais que devem ser realizadas. O Plano Diretor regulamenta os instrumentos criados pelo Estatuto da Cidade e indica em que lugares da cidade eles podem e devem ser aplicados.

5.3 Programa de governo

Programa de governo é o conjunto de propostas e ações do candidato para determinado pleito eleitoral, em que uma expressão típica de um discurso político é "se for eleito, farei". Essa expressão, dita no calor da campanha política, deverá ser expressa, de forma detalhada, no Plano Plurianual. Pois a política é a arte da conversação, em que vence o pleito eleitoral aquele que tiver os melhores argumentos transmitidos em seus discursos durante a campanha eleitoral. Ou seja, aquele que apresentar o melhor programa de governo para o mandato a que estiver concorrendo.

5.4 Plano plurianual

A Carta Constitucional de 1988, em seu Capítulo II – Das Finanças Públicas, Seção II – Dos Orçamentos, no art. 165, expressa que leis de iniciativa do Poder Executivo estabelecerão: I – o plano plurianual; II – as diretrizes orçamentárias; III – os orçamentos anuais. Em seu parágrafo primeiro deixa claro que a lei que instituir o plano plurianual estabelecerá, de forma regionalizada, as diretrizes, objetivos e metas da administração pública federal para as despesas de capital e outras delas decorrentes e para as relativas aos programas de duração continuada.

Desta forma, entendo que o Plano Plurianual (PPA) é o programa de governo, aquele, dito no calor da campanha eleitoral, agora expresso em programa, com objetivos, com a definição do órgão responsável por sua execução e eventuais parcerias, com valores propostos para o quadriênio, indicando-se a fonte de recursos e as categorias econômicas da despesa que fará frente ao atendimento daquele programa, com metas a serem alcançadas e indicadores para aferição do atingimento da meta.

O saudoso Governador de São Paulo, Sr. Mario Covas, em sua campanha eleitoral de 1999, afirmava que faria o Rodoanel Metropolitano de São Paulo, se fosse reeleito, iniciando pelo Trecho Oeste. Assim, no Plano Plurianual 2000-2003 do Governo do Estado de São Paulo, consta na página 179 o programa 1601, com dez metas, onde a primeira meta é construção do Rodoanel, como pode ser verificado no quadro a seguir:

Programa: 1601 – GESTÃO DE POLÍTICAS PÚBLICAS EM TRANSPORTES
Objetivo: Planejar, projetar, operar, explorar e gerir os sistemas rodo-hidroviários e multimodais, promovendo economia, segurança e conforto para os usuários.
Órgão: 16000 – Secretaria dos Transportes
Parcerias: Setor Privado

Valores Propostos para o Programa no Período de 2000 – 2003.
R$ 1.000,00

Fontes de Recursos	Despesas		Total
	Correntes	Capital	
Recursos do Estado	3.723	815.000	818.723
Demais Fontes	699.656	2.066.487	2.766.143
Meta	Construir o Trecho Oeste do Rodoanel Metropolitano de São Paulo, equivalente a 32 km de extensão.		
Indicadores	Quilômetros construídos		
Unidades Executoras	Desenvolvimento Rodoviário S.A. (DERSA).		

Observação: Os valores expressos acima se referem às 10 metas constantes no programa 1601.

Ao se ler o § 1º do art. 165 da Carta Constitucional de 1988, observa-se que a Lei que instituir o Plano Plurianual estabelecerá, de forma regionalizada:

1. as diretrizes – que podem ser entendidas como as linhas reguladoras ou o conjunto de instruções ou indicações para se tratar e levar a termo um programa, um plano ou uma ação;
2. objetivos e metas da administração federal (estadual, distrital e/ou municipal) **para as despesas de capital e outras delas decorrentes** – ou seja, todos os projetos que envolvem despesas de capital, que

serão levados a cabo no quadriênio e as despesas de custeio deles decorrentes;

3. e para as (despesas) relativas aos **programas de duração continuada** – sejam elas despesas de capital ou de custeio para todos os programas de duração continuada: de ensino, de saúde, de transporte etc.

Dessa forma, entendo que o Plano Plurianual, dado o preceito constitucional, deve conter a destinação de todos os recursos que serão arrecadados no quadriênio a que se referir. Para tanto, faz-se necessário o conhecimento completo da máquina administrativa que o gestor assumirá ao candidatar-se a um pleito eleitoral, para que, ao formular seu programa de governo, possa delimitar claramente quais serão as promessas a serem formuladas no calor da campanha eleitoral, que sejam factíveis de serem atendidas quando da elaboração do Plano Plurianual, para os três anos de seu mandato, haja vista que o gestor cumprirá o último ano do Plano Plurianual estabelecido por seu antecessor e deixará planejado o primeiro ano de seu sucessor.

5.5 Lei de diretrizes orçamentárias

Com base no Plano Plurianual, o governo escreverá e enviará para o Poder Legislativo o projeto de Lei de Diretrizes Orçamentárias (LDO) que compreenderá as metas e prioridades da administração pública federal (estadual, distrital e/ou municipal), incluindo as despesas de capital para o exercício financeiro subseqüente.

A Lei que instituiu o Plano Plurianual definiu programas, objetivos e metas para o quadriênio, cabendo, desta forma, à LDO definir, com base no PPA, quais serão as metas que serão desenvolvidas no exercício financeiro subseqüente, dado que como pode ser observado, no PPA do Governo de São Paulo, para o quadriênio 2000-2003, a meta era:

Meta	Construir o Trecho Oeste do Rodoanel Metropolitano de São Paulo, equivalente a 32 km de extensão.
Indicadores	Quilômetros construídos.

No entanto, aquela meta era para ser desenvolvida no quadriênio; cabe, então, à LDO definir qual será o montante a ser desenvolvido no exercício financeiro de 2000, 2001, 2002 e 2003. Assim, se a intenção do governo for a de construir 25% da obra por ano, deverá constar na LDO a meta com o respectivo valor a ser consumido no exercício financeiro a que se referir, por exemplo:

Lei de Diretrizes Orçamentárias 2000

Meta	Construir **a primeira etapa** do Trecho Oeste do Rodoanel Metropolitano de São Paulo, equivalente a **08 km** de extensão.		
Indicadores	Quilômetros construídos		
Unidades Executoras	Desenvolvimento Rodoviário S.A. (DERSA).		
Fontes de Recursos	**Despesas**		**Total**
	Correntes	**Capital**	
Recursos do Estado	150	250.000	250.150
Demais Fontes	150	250.000	250.150

Observação: Os números deste quadro são fictícios. Elaborado pelo autor.

Desta maneira, haverá clareza e estreita relação entre o PPA e a LDO que, infelizmente, ainda, não é a prática na maioria dos entes da administração pública brasileira, em que apenas se vê uma Lei de Diretrizes Orçamentárias descritiva, podendo ser quase que copiada de um ano para o outro, não cumprindo plenamente com o que dispõe o § 2º do art. 165 da Carta Constitucional de 1988. Uma vez aprovado o PPA, caberia, no decorrer dos exercícios financeiros do quadriênio, ao Poder Executivo, discutida e aprovada pelo Poder Legislativo, na LDO, a definição das prioridades para o exercício financeiro subseqüente, servindo, desta forma, de orientadora para a elaboração da Lei de Orçamento Anual (LOA). Outro papel importante da LDO é o de dispor sobre as alterações na legislação tributária que, de qualquer modo, afetará o montante previsto para ser arrecadado, seja para mais ou para menos daquilo que havia sido disposto no PPA para o quadriênio.

Com a Lei de Responsabilidade Fiscal (LRF), aparecem dois anexos que deverão acompanhar a LDO:

a) o Anexo de Metas Fiscais deverá conter metas anuais relativas às receitas, despesas, resultado nominal e primário e montante da dívida pública para o exercício presente e para os dois subseqüentes;

b) o Anexo de Riscos Fiscais deverá conter a provisão para as despesas eventuais e incertas que poderão aparecer ao longo do exercício financeiro.

A pertinência desses dois anexos se dá pelo fato de que eles estão, via de regra, mais próximos do que o PPA e, assim, contribuirão de maneira significativa no processo de planejamento do ente público.

O art. 4º da LRF, em seu inciso I, diz que a LDO disporá, também, sobre normas relativas ao controle de custos e à avaliação dos resultados dos programas financiados com recursos dos orçamentos. Sobre este tema, dedicaremos os Capítulos 7, 8 e 9 deste livro pela pertinência e importância para os entes públicos da administração direta.

Outra inovação promovida pela LRF foi a introdução do dispositivo de limitação de empenho quando as receitas arrecadadas não forem suficientes para comportar o cumprimento das metas de resultados primário e nominal.

O *caput* do art. 9º da LRF diz:

> "Se verificado, ao final de um bimestre, que a realização da receita poderá não comportar o cumprimento das metas de resultado primário ou nominal estabelecidas no Anexo de Metas Fiscais, os Poderes e o Ministério Público promoverão, por ato próprio e nos montantes necessários, nos trinta dias subseqüentes, limitação de empenho e movimentação financeira, segundo critérios fixados pela lei de diretrizes orçamentárias."

Este instrumento é necessário para a manutenção do equilíbrio fiscal do ente público, ajustando-o à sua realidade econômico-financeira vigente. Além disso, a LDO estabelecerá, quando pertinente, a política de aplicação das agências financeiras oficiais de fomento.

Dessa maneira, o Poder Executivo terá, na LDO, um instrumento que possibilitará a elaboração da Lei de Orçamento Anual com alto grau de aderência entre o que foi planejado no PPA e a situação atual do ente.

5.6 Lei de orçamento anual

Alguns publicistas afirmam que na administração pública tudo é mais difícil, pois, diferentemente da iniciativa privada, nela só pode ser feito o que está previsto em lei e na iniciativa privada não. É verdade, no entanto, como se pode verificar neste capítulo, nada foi imposto. O gestor público, ao candidatar-se, profere discursos enunciando o seu programa de governo, uma vez eleito, escreve o PPA, com base nele redige a LDO e com base nela a Lei de Orçamento, podendo, ainda, mesmo durante o exercício, ajustá-la por meio de créditos adicionais, suplementares, especiais e/ou extraordinários. O § 5º do art. 165 da Carta Constitucional de 1988 diz que a Lei Orçamentária Anual (LOA) compreenderá:

> "I – o orçamento fiscal referente aos Poderes da União, do Estado, do Distrito Federal e ou do Município, seus fundos, órgãos e entidades da administração direta e indireta, inclusive fundações instituídas e mantidas pelo Poder Público;
>
> II – o orçamento de investimento das empresas em que a União, o Estado, o Distrito Federal ou o Município, direta ou indiretamente, detenha a maioria do capital social com direito a voto;
>
> III – o orçamento da seguridade social, abrangendo todas as entidades e órgãos a ela vinculados, da administração direta ou indireta, bem como os fundos e fundações instituídos e mantidos pelo Poder Público."

Entendo que, no Brasil, não há o que reclamar do ponto de vista do processo de planejamento, haja vista que cada ente tem autonomia político-administrativa, cabendo tão-somente ao Poder Executivo e ao Poder Legislativo local discernir sobre o que é melhor para os seus, para que haja a produção do bem-estar social da coletividade local. Só não tem autonomia plena aquele ente que, por má gestão e/ou falta de planejamento, no passado, comprometeu-se além de suas possibilidades financeiras atuais ficando, desta forma, comprometido com parte de sua arrecadação para fazer frente à renegociação de suas dívidas.

No entanto, é preciso aprimorar, ainda mais, o processo de planejamento e execução dos entes públicos brasileiros. Faz-se necessário que a Lei de Orçamento deixe de ser autorizativa para ser executiva. No processo atual, como vimos, só entra na LOA aquilo que esteja previsto no PPA, uma vez entendido como prioritário na LDO. Entretanto, o cidadão, ao final do exercício, observa que muito daquilo que estava fixado não foi executado, gerando, desta forma, uma assimetria informacional inexplicável ao cidadão comum, uma vez que o orçamento prevê a receita e fixa a despesa em igual montante, não havendo explicação plausível para o não-cumprimento daquilo que havia sido fixado no orçamento como despesa a ser realizada no exercício.

Poder-se-ia dizer que no passado era impossível planejar em função do processo inflacionário elevado. Contudo, atualmente, e já com quase uma década de calmaria inflacionária, não existem razões para a elaboração de peças orçamentárias não executáveis em pelo menos 90% daquilo que fora previsto. Nesse sentido, é premente que se avance na discussão e implementação de políticas públicas para a formação de executivos públicos que estejam preparados para o desenvolvimento de processos de planejamentos públicos capazes de refletir a realidade econômica e financeira do ente e que o orçamento deixe de ser uma peça de ficção e seja, sim, um instrumento de gestão da coisa pública.

6

Uma Reflexão Sobre
os Recursos Públicos

O objetivo deste capítulo é o de evidenciar ao leitor que os recursos públicos, nas entidades públicas governamentais e/ou nas entidades públicas não governamentais, compõem-se do tripé: recursos humanos, recursos financeiros e recursos físicos. Este tripé é alvo da Controladoria, e é da gestão dele que se obtém o melhor resultado para a sociedade.

6.1 Eficiência e eficácia como pilares do uso dos recursos públicos

A Carta Constitucional de 1988, no art. 37, trata dos princípios aos quais a União, os Estados, o Distrito Federal e os Municípios terão que obedecer. E entre eles está o da eficiência, criando, assim, um novo paradigma para a administração pública brasileira. Haja vista que nas empresas privadas este tema é de fácil observação, uma vez que os produtos ou serviços têm preço, e, assim, compara-se o preço auferido na venda com o custo de produção dos mesmos.

A eficiência está relacionada ao custo de produção ou à forma pela qual os recursos são consumidos. A eficiência evidencia-se quando a relação consumo-produto ficou dentro do esperado. O Capítulo 8 trata do Resultado Econômico, forma pela qual entendemos ser possível evidenciar a eficiência na administração pública.

Por outro lado, a eficácia está relacionada ao atingimento dos objetivos e das metas. Sua preocupação relaciona-se com os resultados esperados. Assim, não basta ser eficiente, consumir menos recursos para a produção de serviços/produtos para a sociedade, é preciso que esses serviços atendam à real demanda, àquilo que é esperado pela sociedade sob todos os aspectos, sejam eles ligados à tempestividade, à oportunidade ou à qualidade. Para tanto, é preciso que o gestor dos recursos públicos (governamentais e não governamentais) tenha em mente pelo menos estes dois pilares para que sua gestão produza os resultados esperados pela sociedade.

6.2 Recursos humanos

Pensar em gestão da coisa pública é sinônimo de pensar em pessoas, em servidores, em profissionais de alto padrão, em suma, "recursos humanos"; este recurso está para a administração pública como os números arábicos estão para a contabilidade e para o desenvolvimento da humanidade.

Para o gestor público ter sucesso é preciso que ele conheça quem são, quantos são, quais são suas habilidades e quais são suas aspirações em relação ao ente para o qual trabalha e dedica seu tempo e seus pensamentos. Minha experiência com servidores públicos contradiz as palavras de Osborne e Gaebler em seu *Reinventando o governo*, que os classifica como pregos sem cabeça, fáceis de entrar e difíceis de tirar.

O servidor público, pelo contrário, precisa de comando como qualquer empregado de empresa privada. Se o servidor, ao chegar ao seu local de trabalho, encontrar um gestor com capacidade de gerência, com recursos físicos e financeiros para o desenvolvimento de suas atividades, certamente a sociedade não terá com que se preocupar, este servidor produzirá com eficiência e com eficácia. É verdade que sempre existirá aquele que insiste em ser aquilo que podemos chamar de relapso e descompromissado com os serviços e com a coisa pública, como há, também, nas empresas privadas. Neste caso, é preciso que o gestor use dos recursos disponíveis e proceda à sua demissão, pois se existe um lugar em que não cabe esse tipo de pessoa é no serviço público, seja governamental ou não.

6.3 Recursos financeiros

Recursos financeiros é, portanto, todo aquele dinheiro pertencente ao ente público, tenha sido arrecadado no exercício financeiro anterior ou no exercício financeiro vigente, que serve para fazer frente aos compromissos financeiros do ente público. Na contabilidade pública orçamentária são apresentados como receitas orçamentárias arrecadadas e como ativo financeiro em contas do disponível.

É no contrato social, na Carta Constitucional, que a sociedade define que quem tem renda pagará Imposto de Renda, quem tem carro pagará Imposto sobre a Propriedade de Veículo Automotor, e assim por diante. No Capítulo 9 o imposto será tratado como integralização de capital (como vimos no Capítulo 3), pois é com os recursos disponibilizados pela sociedade, via contrato social, que o gestor público disponibilizará os serviços para a produção do bem-estar social da sociedade.

6.4 Recursos físicos

Os recursos físicos, nas entidades públicas governamentais, compõem-se dos bens de usos especiais, dos bens dominiais e dos bens de uso comum, divididos, estes últimos, em bens de uso comum naturais e os construídos pela administração pública, os bens de infra-estrutura.

Na administração pública, todos os investimentos são tratados *a priori* como despesas de capital e imediatamente o contador, ao perceber que se trata de um bem de uso especial, o incorpora em conta específica via mutação patrimonial ativa anulando o efeito da despesa no resultado patrimonial da entidade. No entanto, ainda não registra a depreciação dos bens de uso especial, que é a evidenciação do consumo da vida útil do bem e o registro da despesa, via variação passiva independente da execução orçamentária que evidenciará a diminuição patrimonial da entidade. Contudo, ao perceber que se trata de bem de uso comum (construção de rodovia, de ponte, de praça etc.), ele simplesmente o trata como despesa não ativando o bem. Desta maneira, prejudica a evidenciação patrimonial, uma vez que só será despesa, em última instância, quando do registro da depreciação, pela evidenciação do consumo da vida útil do bem.

A figura a seguir evidencia o tamanho do problema a que me refiro; ela demonstra o tamanho dos bens ainda não controlados na administração pública, por terem sido considerados como despesa no ato de sua construção. Os bens de uso especial (BUE) são controlados e os bens de uso comum (BUC), construídos pela administração pública, não são controlados; para estes deve-se dar maior atenção para que a sociedade possa vê-los registrados nos balanços, como ativos, para fazerem frente aos passivos (dívida fundada interna/externa), pois, via de regra, esse tipo de bem é construído com recursos de terceiros.

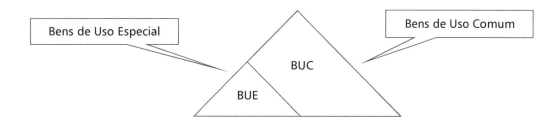

6.4.1 Bens de Uso Especial (BUE) ou patrimônio administrativo

São bens de uso especial todos os utilizados pela administração pública para o desempenho de suas atividades. Para Meirelles (2000), são os que se destinam especialmente à execução dos serviços públicos e, por isso mesmo, são considerados como instrumentos desses serviços, tais como: escolas, hospitais, automóveis, ambulâncias etc. Serão classificados contabilmente como tais, enquanto se destinarem à prestação de serviços para a sociedade. No entanto, perdendo suas funções, o bem deve ser reclassificado e, assim, incorporar os bens dominiais até ter novo uso público.

Caso esteja obsoleto ou se torne desnecessário para o serviço público, deve ser alienado imediatamente via leilão, para que o produto da venda se transforme em ativo capaz de produzir novos serviços à sociedade. Como exemplo, basta lembrar dos veículos totalmente depreciados, como aqueles que aparecem nos estacionamentos das delegacias de polícias, dos batalhões das polícias militares, nas garagens das prefeituras etc. Este patrimônio é considerado obsoleto ou inservível ao uso público e deve ser alienado para que o valor recebido na alienação seja utilizado como parte na aquisição de novo veículo ou outro bem que a administração pública necessite ou, ainda, sirva para o pagamento de parte da dívida fundada, ou então, como trata o art. 44 da Lei de Responsabilidade Fiscal, para o financiamento de despesa corrente, destinada por lei aos regimes de previdência social, geral e próprio dos servidores públicos. Estes bens não podem, desta forma, sob pena de responsabilização por mau uso de recursos públicos, permanecer ao descaso até que se transformem em verdadeiras ferrugens inalienáveis ou em "criatórios de mosquitos", prejudicando a saúde pública.

6.4.2 Bens dominiais ou patrimônio disponível

Bens dominiais são todos aqueles que deixaram de ser de uso especial, bem como as terras devolutas, as ilhas, as águas pluviais represadas em barragens e hidrelétricas, as jazidas minerais, arqueológicas e paleontológicas etc. Para Meirelles (2000) são os que, embora integrando o domínio público como os demais, deles diferem pela possibilidade sempre presente de serem utilizados em qualquer fim ou, mesmo, alienados e consumidos, nos serviços da própria Administração. Daí receberem também a denominação de bens patrimoniais disponíveis ou de bens do patrimônio fiscal.

Os bens dominiais serão classificados contabilmente no ente como ativo, enquanto permanecerem em tal condição, por seus custos históricos e/ou por suas avaliações ou reavaliações, exaradas por especialistas devidamente habilitados, por serem passíveis de uso ou de exploração e/ou de alienação, ou, ainda, de autorização, permissão, cessão, concessão de uso, concessão de direito real de uso e enfiteuse ou aforamento por pessoas físicas ou jurídicas de direito privado.

6.4.3 Bens de Uso Comum (BUC)

Bens de uso comum são vistos como recursos públicos e devem ser subdivididos em bens de uso comum naturais e bens de uso comum construídos pela administração pública ou bens de infra-estrutura.

6.4.3.1 *Bens de uso comum naturais*

São todos os bens naturais pertencentes à União, tais como: os rios e as suas margens, os lagos naturais, as praias, as 200 milhas marítimas, a faixa de fronteira de 150 metros etc. Ou seja, são todos aqueles bens naturais que pertencem ao ente público nos quais não foram investidos recursos públicos para obtê-los. Contudo, caso o ente público deseje classificá-los contabilmente como tais, é necessário proceder a avaliação, de modo que a contabilidade possa espelhar o seu valor.

6.4.3.2 *Bens de uso comum construídos pela administração pública*

São todos os bens construídos pela administração pública, os bens de infra-estrutura, tais como ruas, avenidas, estradas vicinais, rodovias, hidrovias, canais fluviais, pontes, viadutos, praças, parques, cemitérios. São classificados como ativos pelo valor de aquisição, construção ou da reavaliação exarada por especialistas habilitados e passíveis de depreciação. Não contabilizá-los pelos seus valores de aquisição ou construção produz um desequilíbrio patrimonial, haja vista que, normalmente, tais bens são adquiridos ou construídos com recursos financiados por terceiros (dívida fundada interna ou externa) ficando, assim, no passivo o valor da dívida e no ativo nenhum valor como se esses bens não fossem produzir benefícios futuros.

São, atualmente, no Brasil, considerados como despesas, pelos contadores públicos, procedimento incorreto, dadas as suas características de ativos. Haja vista que, segundo o Fasb,[1] um ativo possui três características essenciais:

a) incorpora um benefício futuro provável que envolve a capacidade, isoladamente ou em combinação com outros ativos, de contribuir direta ou indiretamente à geração de entradas líquidas de caixa futuras;

b) uma entidade pode conseguir o benefício e controlar acesso de outras entidades a esse benefício;

c) a transação ou o evento originando o direito da entidade ao benefício, ou seu controle sobre o mesmo já terá ocorrido.

---

1   Financial Accounting Standards Board (Conselho de Padrões de Contabilidade Financeira).

Neste sentido, fica muito claro que todos os bens de uso comum construídos pela administração pública – os bens de infra-estrutura – são ativos e passíveis de contabilização pelo ente público que os detém. No entanto, serão objeto de alteração quanto à classificação contábil de bens de uso comum construídos pela administração pública para bens de uso especial sempre que passarem a ser administrados de maneira diferenciada, tais como as rodovias onde é cobrado o pedágio pelo uso.

Os bens públicos de uso especial são recursos que serão consumidos na consecução dos serviços públicos. Assim, faz-se necessário o controle e o registro dos bens públicos de uso especial e de suas depreciações que deverão ser consideradas como custos, quando do cálculo do custo dos serviços públicos, para o atendimento do controle de custos e a avaliação dos resultados dos programas financiados com recursos do orçamento preconizados pelo dispositivo da Lei de Responsabilidade Fiscal.

7

Contabilidade de Custos nas Entidades Públicas

O objetivo deste capítulo é fazer com que o leitor compreenda a importância da Contabilidade de Custos na gestão da coisa pública, pois, para medir a eficiência das atividades da administração pública, é vital o conhecimento e a compreensão dos sistemas e dos métodos de custeio.

7.1 Origem e evolução da contabilidade de custos

A Contabilidade é um conhecimento milenar. Contudo, a Contabilidade de Custos é um conhecimento relativamente recente, tendo seu início com a Revolução Industrial. Entretanto, sua aplicação na administração pública é um assunto novo e encontra-se, ainda, em sua fase "embrionária". No Brasil, com a Lei de Responsabilidade Fiscal (Lei Complementar nº 101, de 4 de maio de 2000) este tema torna-se relevante e, assim, desperta o interesse de profissionais de contabilidade, de pesquisadores e de gestores públicos.

Com a evolução da sociedade e com o evento da terceirização e/ou privatização das coisas públicas, faz-se necessário que os gestores das entidades públicas conheçam os custos em suas entidades, a fim de poderem tomar as melhores decisões entre as alternativas de produzir ou de comprar produtos e serviços, de produzir ou privatizar serviços.

7.2 Conceitos básicos

Torna-se relevante definir alguns dos conceitos que dão sustentação à Contabilidade de Custos, quando de sua aplicação em qualquer entidade, seja pública ou privada:

- **custo** – consumo de recursos (ativos) na produção de produtos ou serviços;
- **despesa** – consumo de recursos (ativos) na obtenção da receita;
- **investimento** – consumo de recursos (ativos) na aquisição e/ou construção de bens que produzirão benefícios em exercícios seguintes;
- **perda** – consumo de recursos (ativos) de maneira involuntária e não prevista.

7.3 Sistemas de acumulação de custos

A acumulação dos custos é, talvez, a coisa mais importante a ser pensada quando se vai proceder ao cálculo do custo de produtos ou serviços. No entanto, a questão: Qual é o sistema de acumulação de custos? é algo a ser respondido na elaboração na planta do empreendimento, na discussão de quem será o cliente, de que forma será abordado o processo e/ou, ainda, em que estágio do processo se iniciarão as atividades industriais e/ou de serviços. Haja vista que, depois de ter sido estruturado o processo de produção, haverá poucas chances de se alterar a forma de acumulação dos custos.

Para exemplificar, pode-se citar o processo de montagem de uma estrutura fabril. Para a fabricação de móveis, por exemplo, é preciso que seja decidido qual é o produto a ser produzido e quem será o cliente potencial. Assim, se for decidido que serão clientes deste empreendimento pessoas das classes A e B, certamente, serão móveis sob encomenda. Por outro lado, caso se opte por atender pessoas das classes C, D e E, certamente, serão móveis padronizados do tipo 1, 2 ou 3, com tamanhos e cores predefinidos. Desta maneira, o sistema de acumulação de custos será definido neste momento, pois, dado o tipo de produto, ter-se-á uma forma ou outra de acumulação de custos, podendo, eventualmente, o mesmo empreendimento atender a ambas e, assim, ter-se que estruturar a Contabilidade de Custos com dois sistemas de acumulação de custos: Sistema de Acumulação por Ordem e Sistema de Acumulação Contínua ou por Processo.

7.3.1 Sistema de acumulação por ordem

O sistema de acumulação por ordem é o que apura o montante de recursos (ativos) consumidos na produção de produtos ou serviços, para atender a determinada ordem de produção. Ou seja, no início dos trabalhos, para o atendimento do pedido do cliente, se dará o *start* no processo de acumulação de custos da ordem. Abre-se a ordem de produção propriamente dita e, ao final da produção (independentemente do tempo transcorrido do início ao final da produção), estarão acumulados todos os custos relativos aos produtos ou serviços pedidos pelo cliente.

Um exemplo bastante corriqueiro nas prefeituras é a recuperação de estradas vicinais, em que, para a realização dos serviços, o departamento encarregado define o trecho que será recuperado de determinada estrada vicinal. Assim, conhecido o trecho a ser recuperado são definidos a equipe e os respectivos equipamentos que serão necessários para a realização da obra. Desta maneira, o próximo passo é definir quando serão iniciados os serviços de recuperação. Iniciado o processo de recuperação, poder-se-á abrir a ordem de serviço, que acumulará todos os custos da referida obra. Esta ordem receberá o montante de mão-de-obra direta, os materiais diretos (óleo diesel, lubrificantes, graxas etc.), depreciação dos equipamentos e, ainda, o salário do supervisor, a mão-de-obra das manutenções dos equipamentos da recuperação da estrada vicinal, que serão acumulados integralmente na ordem de serviço específica. Ao final do processo de recuperação ter-se-á o montante de recursos consumidos (acumulado na ordem de serviço aberta no início dos trabalhos) para, assim, calcular o custo do quilômetro linear recuperado, do metro quadrado recuperado etc.

7.3.2 Sistema de acumulação contínua ou por processo

O sistema de acumulação contínua ou por processo é o que apura o montante de recursos (ativos) consumidos na produção de produtos ou serviços durante determinado tempo de produção, normalmente, um mês. Neste sistema de acumulação, os custos são lançados à conta de produtos em elaboração e no final do mês apura-se qual foi o montante de itens acabado e qual é o montante de produtos que estão em elaboração. Assim, observa-se o estágio de acabamento de cada produto e define-se o saldo de produtos em elaboração e a diferença será levada para a conta de produtos acabados.

7.4 Escopo

Sem escopo não se farão custos de produtos ou serviços. É como sair em uma viagem sem destino. É preciso definir o escopo para que se possa calcular o custo de maneira a atendê-lo, haja vista que, para cada escopo, pode-se dar um ou outro encaminhamento aos elementos de custos que comporão o custo dos produtos ou serviços. Se o escopo for formação de estoque, é necessário que sejam observados os princípios fundamentais de Contabilidade e a legislação vigente. Se o escopo for a tomada de decisões, a estrutura de contabilidade de custos será outra e não será necessário que se observem tais princípios e nem a legislação, pois este tem o objetivo de orientar decisões, no âmbito interno da entidade.

7.5 Critérios de avaliação dos materiais

Definido o escopo do custeamento, é preciso que se esclareça qual é o critério de avaliação dos materiais. Na literatura especializada, temos muitos critérios de avaliação de materiais. Trataremos de alguns para que se possa observar a importância dessa decisão. São critérios de avaliação de materiais, entre outros:

- a média ponderada móvel (MPM);
- o primeiro que entra é o primeiro que sai (PEPS);
- o último que entra é o primeiro que sai (UEPS);
- o preço específico (PE);
- o custo corrente (CC);
- o custo de reposição (CR).

Para exemplificar, será apresentado, de maneira simplificada, o impacto da decisão de uso de um ou outro critério de avaliação de materiais, na apuração do custo de produção, na aquisição de três unidades do mesmo material em três datas diferentes, com preços diferentes.

Data de Aquisição	Unidades Adquiridas	Custo de Aquisição
10-1-2004	1	1,00
20-1-2004	1	1,50
30-1-2004	1	2,00
TOTAL	3	4,50

A seguir será calculado o custo do consumo de 1 unidade do estoque do material; de acordo com os critérios descritos, tem-se o seguinte resultado:

a) média ponderada móvel (MPM) – valor dos materiais em estoque (R$ 4,50) dividido pelo número de itens no estoque (03); dessa forma, o custo da unidade consumida é de R$ 1,50;

b) primeiro que entra é o primeiro que sai (PEPS) – a primeira aquisição foi a de 10-1-2004; dessa forma, o custo da unidade consumida é de R$ 1,00;

c) último que entra é o primeiro que sai (UEPS) – a última aquisição foi a de 30-1-2004; dessa forma, o custo da unidade consumida é de R$ 2,00;

d) preço específico (PE) – observar-se-á qual dos materiais foi o consumido: se o da primeira, segunda ou terceira aquisição e, dessa forma, o custo pode ser de R$ 1,00 ou R$ 1,50 ou, ainda, de R$ 2,00, pois depende da verificação de qual dos materiais foi o consumido;

e) custo corrente (CC) – verificar-se-á no mercado qual é o custo corrente do material e, dessa forma, poderá ser maior ou menor do que os custos históricos de aquisição;

f) custo de reposição (CR) – dever-se-á consultar o mercado com vista a conhecer qual é o custo de reposição do material consumido e, assim, poderá ser qualquer um. Se o mercado informar que o custo de reposição do material é de R$ 1,70, será este o custo do material consumido.

No entanto, pode-se perguntar: Mas, afinal, qual é o custo do material consumido? A resposta é qualquer um deles. Todos estão corretos. Para obter a resposta é preciso que seja definido qual o critério de avaliação dos materiais a ser utilizado para a sua mensuração. Uma vez que seja definido o critério, este deve ser seguido para que haja a possibilidade de comparações futuras com os custos passados.

A Lei nº 4.320, de 17 de março de 1964, em seu art. 106, inciso III, preceitua que os bens de almoxarifado devam ser avaliados pelo preço médio ponderado das compras. Entende-se, assim, que todos os materiais estocados devem ser registrados em conta específica pela média ponderada móvel. Entretanto, do ponto de vista gerencial, poder-se-á utilizar qualquer um dos critérios mencionados anteriormente ou, ainda, qualquer outro que o gestor e sua equipe desejarem.

São componentes dos custos dos materiais todos os gastos incorridos até a sua entrada na entidade, tais como: fretes, desembaraços alfandegários, seguros de transporte etc. Na indústria, serão deduzidos os impostos incidentes sobre os materiais e registrados em conta separada (impostos a recuperar – ICMS, IPI). No entanto, na entidade pública de administração direta e indireta, não estruturada como empresa, não se fará esse procedimento. Desse modo, o valor discriminado na nota fiscal de aquisição, mais os gastos incorridos (fretes etc.), comporão o custo dos materiais.

7.6 Encargos sociais sobre a mão-de-obra

Nas entidades públicas de administração direta e indireta, o montante pago para o servidor será considerado como custo dos produtos ou serviços, considerando-se no cálculo a exclusão do Imposto de Renda Retido na Fonte, que será convertido em receita orçamentária.

Assim, considerando-se a folha de pagamento de um servidor que recebe mensalmente R$ 1.500,00, o valor a ser registrado como custo do produto/serviço seria o valor líquido apurado conforme Tabela 7.1:

a) valor da Folha de Pagamento – R$ 1.500,00;

b) Previdência – 11%;

c) IRRF – 15%;

d) dependentes 2 (dois); dedução por dependente – $ 106,00.

O cálculo do valor a ser considerado como custo de mão-de-obra líquido, haja vista o conceito de custo, ou seja, o consumo de ativos que o ente tiver para a produção de produtos e serviços, neste caso, é o valor efetivamente desembolsado, conforme segue:

Tabela 7.1 *Cálculo do custo líquido da folha de pagamento mensal.*

Títulos	Base de Cálculo do IRRF		Valor
Vencimentos e Vantagens Fixas – Pessoal Civil			**1.500,00**
Previdência (Parte do Servidor) (*)	11%	(165,00)	
Valor Líquido antes da Dedução de Dependentes		1.335,00	
Dedução por Dependente ($ 106,00)	2	(212,00)	
Valor Líquido para Cálculo do IRPF		1.123,00	
Alíquota do IRPF ($ 1.058,01 até $ 2.115,00)	15%	168,45	
Parcela a deduzir (15% de $ 1.058,00)		(158,70)	
Imposto de Renda Retido na Fonte (**)		9,75	**(9,75)**
Custo Líquido da Folha de Pagamento no mês			**1.490,25**

(*) Fundo de Previdência/Assistência.

(**) Receita do ente público – arts. 157, I, e 158, I, da CC/88.

Após o cálculo do valor que realmente sairá dos cofres públicos (Vencimentos e Vantagens Fixas Líquidos), todos os meses é necessário que se calcule o montante das obrigações patronais de responsabilidade do ente público (empregador), tais como: (a) férias; (b) 1/3 sobre férias; (c) 13º salário; (d) Previdência (de responsabilidade do empregador), 11%; (e) assistência (de responsabilidade do empregador), 9%.

Tabela 7.2   *Cálculo das obrigações patronais anuais (exemplo Tabela 7.1).*

Títulos	Base de Cálculo	Valor
Vencimentos e Vantagens Fixas	(12 meses × 1.490,25)	17.883,00
Encargos Sociais		
Férias	1 mês	1.490,25
1/3 de Férias	10 dias	496,75
13º Salário	1 mês	1.490,25
Base para a Previdência e Assistência (A)		**21.360,25**
Previdência (Empregador)	11% de **(A)**	2.349,63
Assistência (Empregador)	9% de **(A)**	1.922,42

Com a Tabela 7.2, calculou-se o montante de encargos sociais (Previdência e Assistência) de responsabilidade do empregador. Entretanto, na Tabela 7.3 fez-se o cálculo, exemplificativo, do percentual a ser considerado como custo de encargos sociais, considerando-se todos os itens: férias, 1/3 sobre férias, 13º salário, Previdência e assistência.

Tabela 7.3   *Cálculo dos encargos sociais anuais.*

Títulos	Base de Cálculo	Valor
Vencimentos e Vantagens Fixas (Líquidos) **(B)**	**(12 meses × 1.490,25)**	**17.883,00**
Provisão de Férias	**1 mês**	1.490,25
Provisão de 1/3 de Férias	**10 dias**	496,75
Provisão de 13º Salário	**1 mês**	1.490,25
Previdência (Empregador)	**11% de (*)**	2.349,63
Assistência (Empregador)	**9% de (*)**	1.922,42
Total dos Encargos Sociais Anuais (C)		**7.749,30**
% dos Encargos Sociais – (C/B)		**43,33 %**

(*) Percentual aplicado sobre base para Previdência e Assistência – Tabela 7.2.

É importante ressaltar que os encargos sociais variam de um ente para outro, dado o regime de contratação. Da mesma forma, dentro de um ente pode haver mais que um regime em vigor. Se for estatutário, terá um regime previdenciário; se for regido pela CLT (Consolidação das Leis do Trabalho), terá outro. Então, ao proceder ao cálculo das obrigações patronais, é necessário observar qual é o regime de contratação do servidor e os respectivos encargos sociais que estão a ele vinculados.

7.7 Métodos de custeio

Por método de custeio entende-se a forma de atribuição de custos a determinado produto ou serviço. Custear é o processo de atribuir custos aos produtos ou serviços. Para a contabilidade das entidades públicas (por ser orçamentária), todo o consumo de recursos é registrado como despesa, seja despesa corrente ou despesa de capital. No entanto, quando a entidade desejar proceder ao cálculo do custo, faz-se necessária a identificação do consumo dos ativos, para que se processe a mensuração dos custos da produção dos produtos ou serviços por ela produzidos. E, uma vez identificados os ativos consumidos, a entidade deverá decidir-se pelo método de custeio a ser utilizado para o cálculo do custo.

Os principais métodos de custeio são:

a) o método de custeio por absorção;

b) o método de custeio variável ou direto;

c) o método de custeio baseado em atividades;

d) o método de custeio padrão.

Neste capítulo, será feita uma breve revisão desses métodos de custeio e, ainda, serão eles aplicados em funções típicas de governo local.

7.7.1 Método de custeio por absorção

Como o próprio nome diz, é aquele que absorve todos os custos de produção, sejam eles diretos ou indiretos aos produtos ou serviços produzidos em determinado período de tempo. Desta forma, todo o custo de produção do período será alocado aos produtos ou serviços produzidos.

São **custos diretos** todos os custos de produção identificáveis aos produtos e serviços sem qualquer método de atribuição de custos, ou seja, são os custos que podem ser vistos ou observados no processo de produção.

São **custos indiretos** todos os custos que, embora façam parte do processo de produção dos produtos ou serviços, não são identificáveis diretamente e, desta forma, faz-se necessário algum método de atribuição desses custos aos produtos ou serviços.

Em qualquer método de custeio, o que será discutido, trabalhado e analisado são os custos indiretos, os gastos gerais de fabricação. No método de custeio por absorção, os custos indiretos são alocados aos produtos ou serviços por rateio previamente definido. Os críticos do método de custeio por absorção, condenam o seu uso por entenderem que o rateio é arbitrário, que não identifica corretamente o custo a ser atribuído ao produto ou serviço produzido.

Assim, o custeio por absorção pode ser visualizado por meio da Figura 7.1:

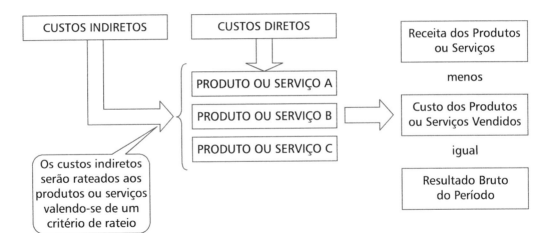

Figura 7.1   *Custeio por absorção.*

Os custos indiretos, como pode ser visualizado na Figura 7.1, são rateados aos produtos ou serviços produzidos. No entanto, pode-se perguntar: Quem decide pelo rateio? Qual é o fator a ser utilizado nesse rateio? O rateio é decidido pelo grupo de gestores da entidade, capitaneados, certamente, pelo contador, ou pelo gerente de produção, chefe do setor de serviços etc. Em relação ao critério a ser utilizado para o rateio dos custos indiretos, torna-se necessário decidir por um ou por outro fator. Assim, é preciso observar qual é o fator com maior aderência:

- se o produto ou serviço demanda muita mão-de-obra direta, então poder-se-á utilizar como critério de rateio dos custos indiretos aos produtos ou serviços a hora/homem;
- se o produto ou serviço demanda muita energia elétrica, então poder-se-á utilizar como critério de rateio dos custos indiretos aos produtos ou serviços o quilowatt/hora;
- se o produto ou serviço demanda a utilização intensiva de máquinas e equipamentos, então poder-se-á utilizar como critério de rateio dos custos indiretos aos produtos ou serviços a hora/máquina.

Procedendo dessa maneira, será encontrada a taxa de aplicação dos custos indiretos de fabricação de produtos ou serviços a ser alocada aos mesmos. Para exemplificar:

- os custos indiretos incorridos, no mês, foram de R$ 15.875,00;
- a mão-de-obra direta (MOD), no mês, montou R$ 18.765,00;
- o consumo de energia elétrica na produção totalizou 5.483 quilowatts/hora;
- o número de horas/máquina totalizou 4.650 h/m.

Assim, tomando-se os dados apresentados, ter-se-ão os seguintes exemplos:

Exemplo nº 1 – Critério de rateio com base na MOD

a) a fábrica ou o departamento produz três produtos ou serviços;
b) o Produto/Serviço A demandou R$ 5.629,50 de MOD;
c) o Produto/Serviço B demandou R$ 3.753,00 de MOD;
d) o Produto/Serviço C demandou R$ 9.382,50 de MOD.

Pede-se: Calcule a taxa de aplicação do CIF e rateie os custos indiretos aos produtos ou serviços:

• Cálculo da taxa do CIF:

$$\frac{\text{Custos indiretos}}{\text{Mão-de-obra direta}} = \frac{15.875,00}{18.765,00} = 0,8459899$$

• Rateio dos custos indiretos aos produtos ou serviços utilizando-se como critério de rateio a mão-de-obra direta:

Produto/Serviço A	5.629,50	×	0,8459899	= 4.762,50
Produto/Serviço B	3.753,00	×	0,8459899	= 3.175,00
Produto/Serviço C	9.382,50	×	0,8459899	= 7.937,50
Total	18.765,00			15.875,00

Exemplo nº 2 – Critério de rateio com base no consumo de energia elétrica

a) a fábrica ou o departamento produz três produtos ou serviços;
b) o Produto/Serviço A demandou 549 quilowatts/hora;
c) o Produto/Serviço B demandou 1.370 quilowatts/hora;
d) o Produto/Serviço C demandou 3.564 quilowatts/hora.

Pede-se: Calcule a taxa de aplicação do CIF e rateie os custos indiretos aos produtos ou serviços:

• Cálculo da taxa do CIF:

$$\frac{\text{Custos indiretos}}{\text{Custo total do EE}} = \frac{15.875,00}{5.843} = 2,8953128$$

• Rateio dos Custos Indiretos aos produtos ou serviços utilizando-se como critério de rateio a energia elétrica:

Produto/Serviço A	548,30	×	2,8953128	= 1.587,50
Produto/Serviço B	1.370,75	×	2,8953128	= 3.968,75
Produto/Serviço C	3.563,95	×	2,8953128	= 10.318,75
Total	5.483			15.875,00

Exemplo nº 3 – Critério de rateio com base no número de horas/máquinas utilizadas;

a) a fábrica ou o departamento produz três produtos ou serviços;
b) o Produto/Serviço A demandou 2.092,50 horas/máquinas;
c) o Produto/Serviço B demandou 1.162,50 horas/máquinas;
d) o Produto/Serviço C demandou 1.395,00 horas/máquinas.

Pede-se: Calcule a taxa de aplicação do CIF e rateie os custos indiretos aos produtos ou serviços:

- Cálculo da taxa do CIF.

$$\frac{\text{Custos indiretos}}{\text{Consumo total de HM}} = \frac{15.875,00}{4.650} = 3,413978$$

- Rateio dos custos indiretos aos produtos ou serviços utilizando-se como critério de rateio a hora/máquina:

Produto/Serviço A	2.092,50	×	3,413978	= 7.143,75
Produto/Serviço B	1.162,50	×	3,413978	= 3.968,75
Produto/Serviço C	1.395,00	×	3,413978	= 4.762,50
Total	4.650			15.875,00

Com base nos três exemplos, pode-se perguntar novamente: qual é o custo indireto dos produtos fabricados ou serviços produzidos? Como já foi enfatizado, para o mesmo produto ter-se-ão diversos custos, variando de acordo com o critério de rateio dos custos indiretos. Assim, cabe ao tomador de decisão optar por um ou outro critério de rateio dos custos indiretos para que seja possível a comparação futura, como pode ser visto na tabela a seguir:

Itens	Rateio CIF MOD		Rateio CIF Energia Elétrica		Rateio CIF Horas/Máquina	
Produto/Serviço A	4.762,50	30%	1.587,50	10%	7.143,75	45%
Produto/Serviço B	3.175,00	20%	3.968,75	25%	3.968,75	25%
Produto/Serviço C	7.937,50	50%	10.318,75	65%	4.762,50	30%
Total	15.875,00	100%	15.875,00	100%	15.875,00	100%

7.7.1.1 Componentes típicos de custos diretos

São componentes típicos de custo direto todos aqueles que podem ser diretamente identificáveis aos produtos ou serviços, tais como: (a) mão-de-obra direta; (b) matérias-primas; (c) embalagem; (d) energia elétrica; (e) combustível; (f) depreciação etc.

7.7.1.2 Componentes típicos de custos indiretos

São componentes típicos de custo indireto (gastos gerais de fabricação, custos indiretos de fabricação, custos indiretos de produção) todos aqueles que não podem ser diretamente identificáveis aos produtos ou serviços, tais como: (a) mão-de-obra indireta; (b) manutenção dos equipamentos; (c) salários de supervisão; (d) energia elétrica; (e) combustível; e (f) depreciação etc.

Assim, para visualizar melhor o método de custeamento por absorção apresenta-se a seguir um fluxo mais detalhado do processo identificação dos custos, conforme Figura 7.2.

Figura 7.2   *Fluxo dos custos de produção no método de custeio por absorção.*

Ao estruturar a Contabilidade de Custos, o contador estabelece qual o grau em que ela será evidenciada: em estrutura única ou por departamentos, a fim de deixar bastante transparente todo o processo de produção e, com isso, facilitar a identificação e acumulação dos custos. No entanto, é necessário se ter em mente que a Contabilidade de Custos nada mais é que uma forma de estrutura analítica da conta Estoque de Produtos em Elaboração. No plano de contas a seguir apresenta-se, entre outros grupos, o grupo Estoque, detalhado em suas contas analíticas, para evidenciar que no processo de produção todos os ativos consumidos serão inicialmente lançados na conta contábil Estoque de Produtos em Elaboração, que normalmente no início do processo tem um saldo inicial e ao final do processo deixará um saldo final. No entanto, toda a produção acabada será retirada dessa conta e lançada na conta contábil Estoque de Produtos Acabados, para que o gestor público tenha maior visibilidade administrativa de órgãos com características industriais.

Ativo

 Ativo Financeiro

  Disponível

  Realizável

 Ativo Permanente

  Bens de Uso Especial

   Bens Móveis

    (–) Depreciação Acumulada

   Bens Imóveis

    (–) Depreciação Acumulada

   Bens de Natureza Industrial

   Imobilizado

    (–) Depreciação Acumulada

   Estoque

    Estoque de Matérias-Primas

    Estoque de Embalagem

    Estoque de Produtos em Elaboração

    Estoque de Produtos Acabados

> MÉTODOS DE CUSTEIO
> - CUSTEIO POR ABSORÇÃO;
> - CUSTEIO VARIÁVEL OU DIRETO;
> - CUSTEIO BASEADO EM ATIVIDADES;
> - CUSTEIO PADRÃO;
> - ETC.

  Créditos

  Valores

  Almoxarifado

  Bens de Uso Comum Construídos pela Administração Pública

   Bens Imóveis

    Praças

    Parques

    Pontes

    Ruas/Avenidas/Rodovias

    Esgoto Pluvial

    (–) Depreciação Acumulada

  Bens Dominiais ou Patrimônio Disponível

   Bens Móveis

   (–) Depreciação Acumulada

   Bens Imóveis

   (–) Depreciação Acumulada

Entretanto, a Contabilidade de Custos tem uma única função, que é a de responder, de acordo com um método de custeio, à seguinte questão: Qual é o custo dos produtos ou serviços acabados? No entanto, é preciso que fique claro que, dado o método de custeio e o critério de avaliação de estoques de matérias-primas, embalagens etc., há custos diferentes. É preciso aceitá-lo como correto, como válido, para que possa ser comparado em exercícios futuros. Assim, para exemplificar será apresentado um caso para reflexão sobre o tema.

7.7.1.3 O caso da fábrica de artefatos de cimento (FAC)

A FAC é um órgão da estrutura do departamento de estradas e rodagem do município e tem por missão fabricar tubos de concreto que serão utilizados na construção e/ou manutenção de galerias pluviais de ruas, avenidas e estradas vicinais do município.

No mês de janeiro a FAC consumiu R$ 18.119,55, com uma recuperação de recursos no montante de R$ 86,25 (Tabela 7.7 – Receita de IRRF) referentes ao Imposto de Renda Retido na Fonte na folha de pagamento dos servidores, conforme pode ser observado no exemplo calculado na Tabela 7.1.

a) Recursos orçamentários

No orçamento do Departamento de Estradas de Rodagem, na atividade Manutenção das Atividades da Fábrica de Artefatos de Cimento, foram empenhados os seguintes valores, totalizando o montante de R$ 8.883,15 provenientes do sistema orçamentário.

Tabela 7.4   *Recursos orçamentários.*

Código	Título da Conta	Valor
8.6.1.3.1.90.11.00	Vencimentos e Vantagens Fixas – Pessoal Civil	5.500,00
8.6.1.3.1.90.13.00	Obrigações Patronais	2.383,15
8.6.1.3.3.90.39.00	Outros Serviços de Terceiros – Pessoa Jurídica	1.000,00

b) Recursos do Ativo Permanente – Bens de Natureza Industrial

No sistema patrimonial foram registrados os seguintes valores:

    a)   Depreciação de Edificações, no valor de R$ 234,00;

    b)   Depreciação de Máquinas e Equipamentos, no valor de R$ 634,00.

Tabela 7.5   *Recursos do ativo permanente.*

Código	Título da Conta	Saldo Anterior	Movimento no Mês	Saldo Atual
1.2.3.2.2	Edificações	70.200,00 dv	–	70.200,00 dv
1.2.3.2.3	Depreciação Acumulada	43.524,00 cr	234,00 cr	43.758,00 cr
1.2.3.1.1	Máquinas e Equipamentos	38.040,00 dv	–	38.040,00 dv
1.2.3.1.2	Depreciação Acumulada	13.948,00 cr	634,00 cr	14.582,00 cr

c) Estoques/Almoxarifado

Consumo de Estoque de Matéria-Prima no valor de R$ 8.368,40.

Tabela 7.6   *Recursos do ativo permanente.*

Código	Título da Conta	Saldo Anterior	Compras	Consumo	Saldo Atual
1.2.3.3.1	Areia	1.500,00 dv	1.200,00 dv	(1.354,00) cr	1.346,00 dv
1.2.3.3.2	Cimento	6.250,00 dv	2.300,00 dv	(5.745,00) cr	2.805,00 dv
1.2.3.3.3	Brita	1.500,00 dv	1.500,00 dv	(1.269,40) cr	1.730,60 dv
TOTAL	R$	9.250,00 dv	5.000,00 dv	(8.368,40) cr	5.881,60 dv

Como ensina o Prof. Eliseu Martins em seu livro *Contabilidade de custos*, o primeiro passo para a elaboração do cálculo do custo de produtos ou serviços é a separação entre custos e despesas. Desta maneira, na Tabela 7.7 procedeu-se à separação das receitas, das despesas e dos custos:

Tabela 7.7   *Planilha de separação de custos, receitas e despesas.*

							Custo	
PLANILHA DE SEPARAÇÃO DE CUSTOS, RECEITAS E DESPESAS								
UNIDADE ADMINISTRATIVA: FÁBRICA DE ARTEFATOS DE CIMENTO (FAC)								
Código	Ativos Consumidos	Unidades Físicas	Unidade de Medida	Recursos Consumidos	Receita IRRF	Despesa	Custo	
(A)	(B)	(C)	(D)	(E)	(F)	(G)	Direto (H)	Indireto (I)
8.6.1.3.1.90.11.00	Vencimentos e Vantagens Fixas – Pessoal Civil			5.500,00	(86,25)	–	3.490,25	1.923,50
	Mão-de-obra Direta Líquida			3.500,00	(9,75)	–	3.490,25	–
	Servidor 1			1.500,00	(9,75)	–	1.490,25	–
	Servidor 2			1.000,00	–	–	1.000,00	–
	Servidor 3			1.000,00	–	–	1.000,00	–
	Mão-de-obra Indireta			2.000,00	(76,50)	–	–	1.923,50
	Supervisor de Produção			2.000,00	(76,50)	–	–	1.923,50
8.6.1.3.1.90.13.00	Obrigações Patronais			2.383,15	–	–	1.516,55	866,60
	Encargos Sociais		43,33 %	2.383,15	–	–	1.516,55	866,60
8.6.1.3.3.90.39.00	Outros Serviços de Terceiros – Pessoa Jurídica			1.000,00	–	220,00	–	780,00
	Energia Elétrica			630,00	–	–	–	630,00
	Água / Esgoto			150,00	–	–	–	150,00
	Telefone			220,00	–	220,00	–	–
1.2.1.7	Estoque de Matéria-prima			8.368,40	–	–	8.368,40	–
	Areia	M3	22,57	1.354,00	–	–	1.354,00	–
	Sacos de cimento 50 kg	SACOS	229,8	5.745,00	–	–	5.745,00	–
	Pedra brita	M3	16,93	1.269,40	–	–	1.269,40	–
1.2.3.1.2	Depreciação Acumulada – Máquinas e Equipamentos			634,00	–	–	–	634,00
1.2.3.2.3	Depreciação Acumulada – Edificações			234,00	–	–	–	234,00
Total de recursos consumidos			R$	18.119,55				
Total das receitas incorridas				R$	(86,25)			
Total das despesas incorridas					R$	220,00		
Total dos custos diretos e indiretos incorridos na produção						R$	17.813,30	

A Tabela 7.7 contém uma coluna de Receita de IRRF. Esta coluna é necessária para ajustar o custo de folha de pagamento, haja vista que, nas entidades de administração direta e indireta, face ao dispositivo constitucional, o valor retido sob a rubrica de Imposto de Renda na folha de pagamento do servidor passa a ser receita do ente público. Desta maneira, entende-se que o custo real com pessoal deva ser diminuído no montante da receita, haja vista que o custo será menor, uma vez que o valor ingressa nos cofres públicos no instante de sua retenção.

Assim, o registro contábil requer atenção especial, uma vez que, por ser orçamentária a contabilidade das entidades públicas de administração direta e indireta, não existe, ainda, muita preocupação com fatores como a depreciação dos bens e o consumo de materiais do almoxarifado.

Contabilidade de Custos nas Entidades Públicas   **71**

Como pode ser observado na Tabela 7.7, é preponderante, ao se iniciar o processo de custeamento, que se separe o que é custo do que é despesa, haja vista o viés de tratamento na administração pública (via orçamento) como despesa de todo o registro de consumo de recursos.

Processada a separação de custos e despesas totalizados na coluna (E) da Tabela 7.7, em custos diretos (coluna H), custos indiretos (coluna I) e despesas (coluna G), poder-se-á proceder à mensuração do custo dos produtos fabricados pela FAC.

Considerando-se que não havia produtos em elaboração no início e no fim do mês, a Tabela 7.8 apresenta a produção acabada no mês:

Tabela 7.8   *Volume de produção no mês.*

Produtos	Volume de Produção Mensal			Total
	Em Elaboração	Acabada	Em Elaboração	
Tubo de concreto 400 mm	0	150	0	150
Tubo de concreto 600 mm	0	245	0	245
Tubo de concreto 1000 mm	0	124	0	124

Os insumos consumidos na produção são os descritos na Tabela 7.9 conjuntamente com o estoque inicial, mais compras e estoque final.

Tabela 7.9   *Ficha de estoque dos insumos em quilogramas.*

Ficha de Estoque de Insumos em Quilos	Estoque Inicial	Compras	Consumo	Estoque Final
Areia = 1500 kg por m³	37.500	30.000	33.850	33.650
Cimento = 50 kg por saco	12.500	4.600	11.490	5.610
Pedra brita = 2000 kg por m³	40.000	40.000	33.850	46.150

A Tabela 7.10 apresenta o custo médio ponderado móvel de aquisição por unidade de insumo, bem como o volume de insumos por tipo de produto fabricado em quilogramas.

Tabela 7.10   *Ficha de estoque dos insumos em quilogramas.*

Insumos	Peso em kg	Custo por Unidade	400 mm Insumos/kg	600 mm Insumos/kg	1.000 mm Insumos/kg
	(A)	(B)	(C)	(C)	(C)
Areia = 1500 kg por m³	1.500	60,00	45	60	100
Cimento = 50 kg por saco	50	25,00	15	20	35
Pedra brita = 2000 kg por m³	2.000	75,00	45	60	100

A Tabela 7.11 apresenta os custos diretos de cada produto. A mão-de-obra direta e os encargos sociais correspondentes foram calculados em função do tempo de produção. Os demais insumos foram calculados de acordo com o volume consumido (C) multiplicado pelo produto da divisão de (B) pelo preço médio ponderado da unidade por (A) peso em quilogramas do insumo consumido.

Custo unitário do insumo consumido é = (B/A)*C.

Tabela 7.11   *Custo direto por unidade produzida.*

Custos Diretos por Unidade Produzida	400 mm R$	600 mm R$	1000 mm R$
Mão-de-obra direta + obrigações patronais	5,0638	9,3856	15,7079
Areia	1,8000	2,4000	4,0000
Cimento	7,5000	10,0000	17,5000
Pedra brita	1,6875	2,2500	3,7500
Total R$	16,0513	24,0356	40,9579

Durante o mês de janeiro foram consumidos outros recursos não identificáveis aos produtos fabricados. Assim, é necessário conhecê-los para o posterior rateio. Na Tabela 7.12 são apresentados os custos indiretos de fabricação da FAC incorridos no mês.

Tabela 7.12 *Custos indiretos de fabricação.*

Custos indiretos de fabricação	
Mão-de-obra indireta	1.923,50
Obrigações patronais	866,60
Outros serviços de terceiros – pessoa jurídica	780,00
Depreciação acumulada – máquinas e equipamentos	634,00
Depreciação acumulada – edificações	234,00
Total R$	4.438,10

Como já vimos, o rateio dos custos indiretos é a maneira usual do método de custeio para a alocação dos custos indiretos ao custo dos produtos. Na FAC foi decidido que o critério de rateio dos custos indiretos seria o material direto de maior custo. Assim, o item usado para o cálculo da taxa de aplicação dos custos indiretos de fabricação será o cimento utilizado na fabricação de cada item. O valor apurado na Tabela 7.13 é produto da multiplicação das unidades produzidas (Tabela 7.17) pelo valor do consumo de cimento de cada unidade (Tabela 7.11). Assim, a Tabela 7.13 apresenta o montante em reais do valor consumido no mês com o item cimento.

É importante ressaltar que se pode utilizar qualquer outro item de custo para rateio dos custos indiretos, tais como mão-de-obra-direta, horas/máquina etc. Normalmente usa-se o mais representativo.

Tabela 7.13 *Cálculo do consumo de material direto para base de rateio.*

Consumo de Material Direto – Cimento	
Tubo de concreto de 400 mm	1.125,00
Tubo de concreto de 600 mm	2.450,00
Tubo de concreto de 1000 mm	2.170,00
Total R$	5.745,00

Assim, sabe-se que, dado o item de custo utilizado como base para a formação da taxa de aplicação, ter-se-á um ou outro custo de produção unitária fabricada. Na Tabela 7.14, foi procedido o cálculo da taxa do CIF (Custos Indiretos de Fabricação) que será utilizada para o rateio dos custos indiretos de fabricação aos produtos produzidos no mês.

Tabela 7.14   *Cálculo da taxa de aplicação dos custos indiretos.*

Taxa de Aplicação dos Custos Indiretos	
Custos Indiretos	**4.438,10**
Insumo/Cimento	**5.745,00**
Taxa do CIF	**0,772515231**

Foi obtida a taxa, que pode ser lida, neste caso, assim: para cada R$ 1,00 de cimento, que é a base para rateio dos CIFs, a FAC consumiu R$ 0,7725 de custos indiretos de fabricação. Assim, pode-se calcular de três maneiras o valor dos Custos Indiretos de Fabricação (CIFs) a serem rateados aos produtos:

a) a primeira maneira é com base no custo unitário de cimento, que, multiplicado pela taxa de aplicação do CIF, dará o custo indireto de fabricação de cada unidade produzida, conforme Tabela 7.15;

Tabela 7.15   *Mensuração dos custos indiretos de fabricação por unidade produzida.*

Aplicação dos Custos Indiretos de Fabricação			
Produtos	**Custo Unitário do Cimento Utilizado R$**	**Taxa de Aplicação do CIF**	**Custo Unitário dos CIFs por Produto R$**
Tubo de concreto de 400 mm	7,50	0,772515231	**5,79386**
Tubo de concreto de 600 mm	10,00	0,772515231	**7,72515**
Tubo de concreto de 1000 mm	17,50	0,772515231	**13,51902**

b) a segunda maneira pode ser observada na Tabela 7.16; tomando-se o Custo Unitário dos CIFs e multiplicando-se pelo número de unidades produzidas, ter-se-á o valor do CIF total por produto produzido; e

Tabela 7.16   *Mensuração dos custos indiretos de fabricação por produto produzido.*

Aplicação dos Custos Indiretos de Fabricação			
Produtos	**Custo Unitário dos CIFs por Produto R$**	**Unidades Produzidas no Mês**	**Custo Total dos CIFs por Produto R$**
Tubo de concreto de 400 mm	**5,79386**	150	**869,08**
Tubo de concreto de 600 mm	**7,72515**	245	**1.892,66**
Tubo de concreto de 1000 mm	**13,51902**	124	**1.676,36**
Total		R$	**4.438,10**

c) a terceira maneira apresenta-se na Tabela 7.17, onde se toma como base o valor total de custo direto de cimento por produto produzido, multiplicado pela taxa de aplicação dos CIFs.

Tabela 7.17   *Mensuração dos custos indiretos de fabricação por produto produzido.*

Aplicação dos Custos Indiretos de Fabricação			
Produtos	Custo Total do Cimento Utilizado R$	Taxa de Aplicação do CIF	Custo Total dos CIFs por Produto R$
Tubo de concreto de 400 mm	1.125,00	0,772515231	869,08
Tubo de concreto de 600 mm	2.450,00	0,772515231	1.892,66
Tubo de concreto de 1000 mm	2.170,00	0,772515231	1.676,36
Total		R$	4.438,10

As Tabelas 7.16 e 7.17 servem para fazer uma conferência entre o valor dos Custos Indiretos de Fabricação apresentados na Tabela 7.12 e os valores que foram rateados para os produtos produzidos.

Na Tabela 7.18 são apresentados os custos diretos e os indiretos por produto produzido com o objetivo de se conhecer o custo unitário total por produto produzido, que se dá pela soma dos custos diretos com os custos indiretos.

Tabela 7.18   *Cálculo do custo unitário dos produtos fabricados.*

Produtos	Direto	Indireto	Custo Unitário Total
Tubo de concreto de 400 mm	16,0513	5,7939	21,8452
Tubo de concreto de 600 mm	24,0356	7,7252	31,7608
Tubo de concreto de 1000 mm	40,9579	13,5190	54,4769

Na Tabela 7.19, apresenta-se o total de unidades produzidas por produto, durante o mês, com o objetivo de evidenciar o custo total por produto produzido, que se dá pela multiplicação das unidades produzidas pelo custo unitário total respectivo. Assim, essa tabela, para estar correta, deve apresentar valor igual ao da Tabela 7.7, ou seja, a soma dos custos diretos e indiretos de produção do mês, que, neste caso, é R$ 17.813,30.

Tabela 7.19   *Cálculo do custo da produção acabada no mês.*

Produtos	Unidades Produzidas	Custo Unitário	Custo Total de Produção
Tubo de concreto 400 mm	150	21,8452	3.276,77
Tubo de concreto 600 mm	245	31,7608	7.781,38
Tubo de concreto 1000 mm	124	54,4769	6.755,14
Total		R$	17.813,30

Esse valor será lançado a crédito na conta contábil de Produtos em Elaboração e será lançado a débito na conta de Produtos Acabados. Do ponto de vista físico, dado que não existiam produtos em elaboração no início do período, tem-se o seguinte estoque de produtos acabados no final do mês, conforme a Tabela 7.20.

Tabela 7.20   *Ficha física de estoque de produtos acabados.*

Ficha de Estoque Físico de Produtos Acabados	Estoque Inicial	Produção no Mês	Consumo no Mês	Estoque Final
Tubo de concreto 400 mm	0	150	25	125
Tubo de concreto 600 mm	0	245	105	140
Tubo de concreto 1000 mm	0	124	49	75

A Tabela 7.21 evidencia o consumo de produtos fabricados no mês, e, assim, multiplicando-se o custo unitário pelo número de produtos consumidos, tem-se o montante de recursos que sairão da conta de Produtos Acabados e serão considerados como parte dos custos de produção de galerias pluviais na construção de ruas, avenidas, auto-estradas etc.

Tabela 7.21   *Custo das unidades consumidas no mês.*

Produtos	Custo Unitário R$	Unidades Consumidas no Mês	Total R$
Tubo de concreto 400 mm	21,8452	25	546,13
Tubo de concreto 600 mm	31,7608	105	3.334,88
Tubo de concreto 1000 mm	54,4769	49	2.669,37
Total	R$	179	6.550,38

A Tabela 7.22 apresenta o estoque final em moeda depois do consumo dos produtos acabados no mês.

Tabela 7.22 *Ficha financeira de estoque de produtos acabados.*

Ficha de Estoque Financeiro de Produtos Acabados	Estoque Inicial	Produção no Mês	Consumo no Mês	Estoque Final
Tubo de concreto 400 mm	0	3.276,77	(546,13)	2.730,64
Tubo de concreto 600 mm	0	7.781,38	(3.334,88)	4.446,50
Tubo de concreto 1000 mm	0	6.755,14	(2.669,37)	4.085,77
Total	0	17.813,30	(6.550,38)	11.262,92

Pode-se, com esse exemplo, observar que é plenamente factível para as entidades de administração direta, onde é utilizada a contabilidade orçamentária, se fazer a Contabilidade de Custos sem perda de qualidade e de maneira integrada, sendo necessário, no entanto, separar os custos das despesas e, assim, alocar custos aos produtos ou serviços produzidos no período.

Por outro lado, caso se queira apenas calcular o custo de alguma coisa que se esteja realizando ou que se pretenda realizar, o método de custeio por absorção é útil, conforme pode ser observado no exemplo a seguir:

7.7.1.4 Cálculo do custo de manutenção de estrada vicinal

A Secretaria Municipal de Obras, através de seu Departamento de Manutenção de Estradas Vicinais, resolveu efetuar a manutenção da Estrada Vicinal número 100. Para esse trabalho, mobilizou uma equipe com pessoal, material de consumo e, ainda, disponibilizou equipamentos para a sua realização, que teve uma duração de 1 (um) mês.

Recursos consumidos no mês: (a) mão-de-obra direta – $ 62.500,00; (b) os encargos sociais sobre MOD são de 5% de previdência social, 4% de assistência social e 3% de seguro de acidente de trabalho; (c) material de consumo – $ 15.000,00.

Os equipamentos disponibilizados para o trabalho foram os abaixo discriminados, todos com dois anos de uso: 1 (um) caminhão no valor de $ 85.000,00; 1 (uma) retroescavadeira no valor de $ 35.000,00.

Os custos indiretos do período foram de $ 27.675,00, assim distribuídos: (a) mão-de-obra indireta – $ 22.000,00; (b) encargos sociais – $ 2.440,00; (c) material de consumo – $ 2.135,00; e (d) serviços de terceiros – $ 1.100,00.

Outras informações: (a) durante o mês foram recuperados 32 (trinta e dois) km da estrada número 100; e (b) o rateio dos custos indiretos é com base no número de equipes, considerando-se que o departamento de manutenção de estradas vicinais possui 15 (quinze) equipes de manutenção de estradas vicinais.

Pede-se: Calcule o custo por metro linear do trabalho realizado, utilizando o sistema de custeamento por absorção.

PLANILHA DE CUSTOS		
Serviço: Manutenção da Estrada Vicinal número 100	**Unidade**	**Custo**
Custos Diretos		**87.075,00**
Mão-de-obra direta (Pessoal)		62.500,00
Encargos Sociais		
– Previdência Social	5%	3.125,00
– Assistência Social	4%	2.500,00
– Seguro de Acidente de Trabalho	3%	1.950,00
Material de Consumo		15.000,00
Depreciação dos Equipamentos	60 meses	2.000,00
Custos Indiretos		**1.845,00**
Gastos Gerais Indiretos ($ 27.675,00/15 equipes)		1.845,00
Custo Total	$	**88.920,00**
Metros lineares recuperados	M	32.000
Custo por metro linear recuperado	$	**2,7787**

Neste exemplo pode-se verificar que o serviço de manutenção da estrada vicinal nº 100 consumiu de Custos Diretos $ 87.075,00 e de Custos Indiretos (dado o critério de rateio × número de equipes) $ 1.845,00, totalizando um montante de $ 88.920,00 totalmente absorvidos pelo serviço. E o custo unitário por metro linear recuperado é de $ 2,7787, uma vez que, no período, foram recuperados 32 km da estrada vicinal nº 100.

Este método, portanto, não se preocupa com a natureza do consumo ou com sua eficiência, mas em identificar qual foi o consumo de ativo e de alocá-lo aos produtos ou serviços produzidos no período, tornando-o arbitrário, conforme dizem seus críticos, pois, uma vez definido o critério de rateio dos custos indiretos, o produto ou serviço sofre o impacto dessa decisão sem que haja a preocupação de identificar claramente se o valor alocado faz sentido ou não.

A informação custo do produto produzido ou o serviço prestado é de vital importância para a boa gestão da coisa pública. No entanto, ela por si só tem um valor relativo, uma vez que servirá apenas para comparar com o custo de produção, referentes a outros períodos.

Custos Incorridos	1999	2000	2001	2002	2003	2004
✓ Manutenção da Estrada Vicinal nº 100 por metro linear	1,5781	1,6784	1,7841	1,8740	2,3547	2,7787

Para torná-la especialmente importante, é preciso que se compare com o custo de oportunidade de obtenção ou produção daquele produto ou serviço, assunto que será tratado no Capítulo 8 deste livro; dessa forma, saber-se-á se a administração pública está produzindo produtos ou serviços com eficiência ou não.

No exemplo anterior, considerou-se que o custo de oportunidade de manutenção da estrada vicinal por metro linear (menor preço de mercado) era de R$ 3,00 ou então de R$ 2,50. No primeiro caso ter-se-ia uma evidenciação de eficiência, pois a administração pública, com o uso da estrutura administrativa, produziu o serviço a R$ 2,7787, já que, se a administração pública fosse comprar o serviço, lhe custaria R$ 3,00 por metro linear. No segundo caso, ter-se-ia uma evidenciação de ineficiência. Desta forma, fica demonstrado que não basta calcular o custo, é preciso ir além.

Produto/Serviço	Custo de Oportunidade por Metro Linear	Custo Unitário por Metro Linear	Eficiência/ Ineficiência por Metro Linear
✓ Manutenção da estrada vicinal nº 100	3,00	(2,7787)	0,2213
✓ Manutenção da estrada vicinal nº 100	2,50	(2,7787)	(0,2787)

No primeiro caso, a administração pública produziria uma economia de recursos no montante de R$ 7.080,00. Já no segundo caso, a administração pública teria gasto R$ 8.920,00 a mais, já que poderia ter optado pela aquisição dos mesmos serviços no mercado a um custo de R$ 2,50 por metro linear, como pode ser observado na tabela.

Produto/Serviço	Custo de Oportunidade do Serviço	Custo Total Administração Própria	Eficiência/ Ineficiência por Metro Linear
✓ Manutenção da estrada vicinal nº 100	96.000,00	(88.920,00)	7.080,00
✓ Manutenção da estrada vicinal nº 100	80.000,00	(88.920,00)	(8.920,00)

7.7.2 Método de custeio variável ou direto

Neste método de custeio, o consumo de ativos na produção de produtos e serviços divide-se em duas fases:

Na primeira fase, identificam-se quais são os fatores que, quanto mais se produz, mais se consome (custos variáveis) e/ou que sejam diretamente identificáveis aos produtos ou serviços produzidos (custos diretos); ambos, em sua incorrência, serão incorporados ao custo dos produtos ou serviços.

Na segunda fase, identificam-se os fatores que independem da produção; ainda que não se produza nenhum produto ou serviço, eles acontecerão da mesma forma (custos fixos); e mesmo que não sejam diretamente identificáveis com os produtos ou serviços produzidos (custos indiretos), estes devem ser levados ao custo de período, não sendo, assim, incorporados ao ativo como custo dos produtos ou serviços.

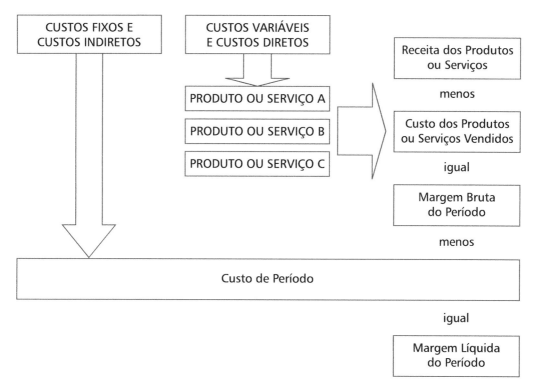

Figura 7.3 *Custeio variável/custeio direto.*

Ao se observar a Figura 7.3, fica evidente que este método de custeio diferencia-se do método de custeio por absorção em dois momentos.

No primeiro momento, pode-se observar que os valores que serão levados à conta de estoque de produtos acabados serão menores, haja vista que os custos indiretos e os custos fixos não compõem o custo dos produtos e/ou serviços.

No segundo momento, pode-se verificar que este método não transfere possíveis ineficiências da produção aos produtos ou serviços, pois somente serão tratados como custo dos produtos ou serviços os consumos de ativos que sejam diretamente identificados com a produção e aqueles que sejam variáveis quando de sua produção.

Para esclarecer melhor a diferença existente entre os métodos de custeio, a seguir apresenta-se o mesmo exemplo, aquele que já foi resolvido pelo método de custeio por absorção, que será, agora, resolvido pelo método de custeio variável direto.

7.7.2.1 *Cálculo do custo de manutenção de estrada vicinal*

A Secretaria Municipal de Obras, através de seu Departamento de Manutenção de Estradas Vicinais, resolveu efetuar a manutenção da Estrada Vicinal número 100. Para esse trabalho, mobilizou uma equipe com pessoal, material de consumo e, ainda, disponibilizou equipamentos para a sua realização, que teve uma duração de 1 (um) mês.

Recursos consumidos no mês: (a) mão-de-obra direta – $ 62.500,00; (b) os encargos sociais sobre MOD são de 5% de previdência social, 4% de assistência social e 3% de seguro de acidente de trabalho; (c) material de consumo – $ 15.000,00.

Os equipamentos disponibilizados para o trabalho foram os discriminados a seguir, todos com dois anos de uso: 1 (um) caminhão no valor de $ 85.000,00; 1 (uma) retroescavadeira no valor de $ 35.000,00.

Os custos indiretos do período foram de $ 27.675,00, assim distribuídos: (a) mão-de-obra indireta – $ 22.000,00; (b) encargos sociais – $ 2.440,00; (c) material de consumo – $ 2.135,00; e (d) serviços de terceiros – $ 1.100,00.

Outras informações: (a) durante o mês foram recuperados 32 (trinta e dois) km da estrada número 100.

Pede-se: Calcule o custo por metro linear do trabalho realizado, utilizando o sistema de custeamento variável ou direto.

PLANILHA DE CUSTOS		
Serviço: Manutenção da Estrada Vicinal número 100	Unidade	Custo
Custos Diretos		**87.075,00**
Mão-de-obra direta (Pessoal)		62.500,00
Encargos Sociais		
– Previdência Social	5%	3.125,00
– Assistência Social	4%	2.500,00
– Seguro de Acidente de Trabalho	3%	1.950,00
Material de Consumo		15.000,00
Depreciação dos Equipamentos	60 meses	2.000,00
Custos Indiretos		**0,00**
Gastos Gerais Indiretos ($ 27.675,00)		0,00
Custo Total $		**87.075,00**
Metros lineares recuperados M	32.000	
Custo por metro linear recuperado $	**2,7221**	

Neste exemplo, pode-se verificar que o serviço de manutenção da Estrada Vicinal nº 100 consumiu de Custos Diretos $ 87.075,00. Neste montante, há custos com pessoal e encargos que têm uma característica de custo fixo (que a entidade pagará em função do contrato mensalista, mesmo que eles não trabalhem). No entanto, neste caso, estes custos são diretamente identificáveis ao serviço produzido, portanto são custos diretos. Outro custo que tem característica de fixo é a depreciação, quando calculada pelo método linear, que é aquele em que se divide o valor do bem pelo número de meses estimado de sua vida útil; neste caso, também será levado a compor o custo do serviço por ser diretamente identificável a realização do serviço (custo direto). Já o gasto de material de consumo (combustíveis, mantimentos de cozinha etc.) faz parte de outro grupo, o dos custos variáveis, pois, quanto mais tempo ou maior for o serviço, mais se consumirá esse tipo de recursos.

Como se pode observar na Figura 7.3, os custos fixos ou indiretos serão levados à conta de custo de período, não compondo, desta forma, o custo dos serviços prestados pelo método de custeio variável/direto. Desta forma, o custo unitário por metro linear recuperado é de $ 2,7221, uma vez que no período foram recuperados 32 km da Estrada Vicinal nº 100.

Este método, portanto, se preocupa em não trazer para o custo dos produtos ou serviços possíveis ineficiências (como se faz no método de custeio por absorção, que rateia para os custos dos produtos o montante de recursos identificados como custos indiretos), ficando o produto ou serviço livre de custos que não sejam gerenciáveis pelo responsável por sua produção.

A informação custo, calculada por um método ou por outro (saber quanto custou o produto produzido ou o serviço prestado), é de vital importância para a boa gestão da coisa pública. No entanto, ela, por si só, tem um valor relativo, servirá apenas para comparar com o custo de produção relativa a períodos anteriores, não que isso não seja importante, mas é uma informação bastante limitada, conforme pode ser verificado no quadro.

Custos Incorridos	1999	2000	2001	2002	2003	2004
✓ Manutenção da Estrada Vicinal nº 100 por metro linear	1,5235	1,6145	1,6945	1,7452	2,2945	2,7221

A informação custo se tornará importante, como já foi enfatizado, quando ela for comparada com o custo de oportunidade de obtenção ou produção daquele produto ou serviço; dessa forma, saber-se-á se a administração pública está produzindo produtos ou serviços com eficiência ou não.

Considerando-se que, como no exemplo anterior, o custo de oportunidade de manutenção da estrada vicinal por metro linear (menor preço de mercado) fosse de R$ 3,00, ou então de R$ 2,50, no primeiro caso, ter-se-ia então uma evidenciação de eficiência, pois a administração pública, com o uso da sua estrutura, produziu o serviço a R$ 2,7221, já que, se ela fosse comprar o serviço, lhe custaria R$ 3,00 por metro linear. No segundo caso, ter-se-ia então uma evidenciação de ineficiência, como pode ser visto no quadro a seguir. Desta forma, fica demonstrado que não basta calcular o custo; é preciso ir além e comparar o custo de produção com os preços de mercado.

Produto/Serviço	Custo de Oportunidade por Metro Linear	Custo Unitário por Metro Linear	Eficiência/ Ineficiência por Metro Linear
✓ Manutenção da Estrada Vicinal nº 100	3,00	(2,7221)	0,2779
✓ Manutenção da Estrada Vicinal nº 100	2,50	(2,7221)	(0,2221)

No primeiro caso, a administração pública produziria uma economia de recursos no montante de R$ 8.925,00. Já no segundo caso, ela teria gastado R$ 7.075,00 a mais, uma vez que poderia ter optado pela aquisição dos mesmos serviços no mercado a um custo de R$ 2,50 por metro linear, como pode ser verificado no quadro seguinte.

Produto/Serviço	Custo de Oportunidade do Serviço	Custo Total Administração Própria	Eficiência/ Ineficiência por Metro Linear
✓ Manutenção da Estrada Vicinal nº 100	96.000,00	(87.075,00)	8.925,00
✓ Manutenção da Estrada Vicinal nº 100	80.000,00	(87.075,00)	(7.075,00)

Neste caso, poderia ser feita a seguinte questão: afinal, qual é o custo correto do metro linear recuperado na Estrada Vicinal nº 100, é de R$ 2,7787 (custeio por absorção) ou de R$ 2,7221 (custeio variável/direto)? A resposta é: ambos estão corretos, cada um de acordo com sua forma de cálculo. O primeiro está mais para a formação de estoques e o segundo tem uso para a tomada de decisões do tipo comprar ou produzir etc.

7.7.3 Método de Custeio Baseado em Atividades – ABC

O custeio baseado em atividades, certamente, é o que mais se aplica na entidade pública de administração direta, pois já é hábito nessas instituições a definição de atividades, uma vez que o orçamento público é estruturado em programas, projetos e atividades. Cabe ressaltar que é preciso fazer uma distinção entre atividades do orçamento programa com atividades do método de custeamento ABC. No orçamento, atividade é toda a ação permanente de governo e, no Método de Custeio ABC, atividade é toda a ação que consome recursos, sejam estes de projetos ou atividades.

No método de custeio ABC, de acordo com sua filosofia, não são os produtos ou serviços que consomem recursos, mas, sim, as atividades, as ações desenvolvidas. Na Figura 7.4, isto pode ser observado.

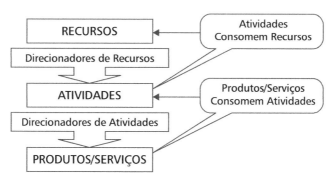

Figura 7.4   *Método de custeio ABC.*

Recursos: são todos aqueles ativos disponibilizados em períodos anteriores e não consumidos (Bens Móveis e Imóveis) e os recursos disponibilizados neste período (Receita Orçamentária).

Direcionadores de Recursos: na administração pública, são as diretrizes orçamentárias, determinadas na Lei de Diretrizes Orçamentárias.

Atividades: são as ações de governo para a produção de bens e serviços, que consumirão os recursos disponibilizados, seja em projetos, seja em atividades orçamentárias.

Direcionadores de Atividades: são fatores que determinam a ocorrência de uma atividade.

Produtos ou Serviços: são o objeto das atividades, aquilo que elas produzem.

A literatura especializada evidencia que neste método de custeio faz-se a identificação dos recursos consumidos, da seguinte forma:

a) por **alocação direta**, ou seja, todos os recursos identificáveis ao produto ou serviço deverão ser alocados diretamente;

b) por **rastreamento**, ou seja, faz-se necessário rastrear os custos consumidos pela atividade, porém de difícil identificação;

c) por **rateio**, sempre que não houver a possibilidade de se fazer nenhuma das alternativas anteriores.

Para exemplificar o rastreamento de custos na administração pública, será utilizado o departamento de recursos humanos, onde é elaborada a folha de pagamento de todos os servidores do município. Assim, os recursos consumidos para tal tarefa serão contabilizados, do ponto de vista orçamentário, na Secretaria de Administração, no Departamento de Recursos Humanos, na atividade de elaboração de folha de pagamento dos funcionários do município.

Consideremos que no mês de referência foram consumidos R$ 6.500,00, conforme dados a seguir:

a) pessoal – $ 5.000,00;

b) encargos – $ 600,00;

c) material de consumo – $ 400,00;

d) serviços de terceiros – $ 500,00;

e) folhas elaboradas no mês – 385 holerites.

Tomemos o valor consumido pelo Departamento de RH no mês, que foi de R$ 6.500,00, que, dividido por 385 holerites, dá um custo unitário por holerite igual a R$ 16,8831. Desta maneira, a elaboração de cada holerite custou R$ 16,8831 para o município.

Considerando-se que a Secretaria Municipal de Educação possui 200 funcionários, $200 \times R\$ 16,8831 = R\$ 3.376,62$. Ao se fazer o cálculo do custo do ensino, este custo deveria ser levado por rastreamento como custo de elaboração das folhas de pagamento dos servidores daquela secretaria, pois, se a administração pública não tivesse um departamento especializado, este custo seria contabilizado na própria Secretaria, uma vez que ela teria que ter um departamento de recursos humanos para realizar tal tarefa.

Do ponto de vista econômico, poderia, ainda, ser feito outro uso para o valor $R\$ 16,8831$, encontrado no cálculo acima. Se for realizada uma pesquisa de mercado do preço de elaboração de holerite, pode-se medir a eficiência do uso dos recursos públicos, conforme veremos no Capítulo 8 deste livro, apurando-se a receita econômica do departamento, e assim avaliar o desempenho dos servidores envolvidos na atividade de elaboração da folha de pagamento dos funcionários do município.

7.7.3.1 *Uma aplicação do método de custeio baseado em atividades*

Calcule o custo unitário de cada Direcionador de Atividade do Departamento de Compras do Município, considerando-se que os recursos consumidos pelas atividades, no mês de referência, foram os seguintes:

Recursos	Valor R$
Pessoal e encargos	6.150,00
Material de Consumo	381,82
Serviços de Terceiros	320,00
Depreciação dos Equipamentos	250,00
Recursos rastreados da Secretaria de Administração ref. a 7 (sete) holerites (conforme cálculo do exemplo de rastreamento de recursos)	118,18
Total	7.220,00

As atividades desenvolvidas no Departamento de Compras do Município são as definidas na Tabela 7.23, bem como os tempos consumidos; assim, tomando-se o total de recursos consumidos multiplicado pelo percentual de consumo de tempo, tem-se o consumo de recursos por atividades, conforme pode ser visto na Tabela 7.21.

Tabela 7.23   *Consumo de recursos.*

Atividades	Consumo de Tempo	Consumo de Recursos
Receber Ordens de Compras	6%	433,20
Cadastrar Fornecedores	5%	361,00
Emitir Licitações		
– Concorrências	7%	505,40
– Tomadas de Preços	18%	1.299,60
– Convites	32%	2.310,40
Emitir Notas de Empenho	12%	866,40
Liquidar Processos	7%	505,40
Estocar Materiais Adquiridos	6%	433,20
Controlar Materiais	7%	505,40
Total	**100%**	**7.220,00**

Na Tabela 7.24, evidenciam-se os direcionadores de atividades, bem como o número de ocorrências desses direcionadores durante o período do mês de referência:

Tabela 7.24   *Número de direcionadores.*

Atividades	Direcionadores	Número de Direcionadores
Receber Ordens de Compras	Número de Ordens	150
Cadastrar Fornecedores	Número de Cadastros	35
Emitir Licitações		
– Concorrências	Número de Concorrências	5
– Tomadas de Preços	Número de Tomadas de Preços	7
– Convites	Número de Convites	35
Emitir Notas de Empenho	Número de Notas de Empenho	120
Liquidar Processos	Número de Processos Liquidados	95
Estocar Materiais Adquiridos	Horas/Máquina	45
Controlar Materiais	Horas/Homem	440

De posse dos dados apresentados na Tabela 7.25, fez-se o cálculo do custo unitário de cada direcionador na Tabela 7.25, dividindo-se o consumo de recursos de cada uma das atividades apresentadas na Tabela 7.23 pelo número de direcionadores produzidos no mês de referência.

Tabela 7.25 *Custo unitário do direcionador de custos.*

Atividades	Custo Unitário do Direcionador de Custos
Receber Ordens de Compras	2,8880
Cadastrar Fornecedores	10,3143
Concorrências	101,0800
Tomadas de Preços	185,6571
Convites	66,0114
Emitir Notas de Empenho	7,2200
Liquidar Processos	5,3200
Estocar Materiais Adquiridos	9,6267
Controlar Materiais	1,1486

Com base nestes cálculos, muitas decisões poderão ser tomadas a fim de diminuir os custos administrativos do departamento de compras do município, como reduzir o número de ordens de compras, e, com isso, reduzir-se-á o tempo de receber ordens, e assim, possivelmente, o departamento poderá desenvolver outras atividades que agreguem valor ao serviço público.

7.7.4   Método de custeio-padrão

O método de custeio-padrão é aquele no qual se mensura o custo de uma unidade a *priori* e atribui-se este custo para as demais unidades a serem produzidas. Depois de ter produzido todo o lote, apura-se o custo real incorrido para, desta forma, apurar eventuais diferenças de preços, de volumes, de tempo etc.

7.7.4.1   *Tipos de custo-padrão*

A literatura especializada apresenta vários tipos; no entanto, os dois que merecem destaque são o custo-padrão ideal e o custo-padrão corrente. O primeiro é aquele que nasceu da tentativa de "fabricar custos em laboratório", método que desconsidera quaisquer desvios, sejam de preço, de volume ou de tempo. Este método não é aconselhável por ser praticamente impossível de ser alcançado, quando comparado com o custo real de produção.

Já o método de custo-padrão corrente é mais flexível, uma vez que leva em consideração pequenos desvios, considerando-os dentro do padrão. A flexibilidade deste método o torna atingível; por isso, seu uso é aconselhável, pois, quando comparado com o custo real de produção, tende a produzir satisfação dos envolvidos em sua produção.

Esta flexibilidade evidencia-se em diversos fatores, como, por exemplo, no tempo de produção, pois sabe-se que, quando monitorado, o servidor (sabendo que está sendo monitorado) não irá ao banheiro, não conversará com seu colega etc. No entanto, no dia-a-dia, durante a produção de produtos ou serviços, isso se fará presente. Se apenas considerarmos o tempo, sabendo-se que cada serviço tomará 30 minutos em 8 horas, teremos 16 serviços realizados; esta é a filosofia do custo-padrão ideal, que dificilmente será atingido, gerando insatisfação do servidor por nunca atingir a meta de produção sem ficar além do expediente.

7.7.4.2 Objetivos do cálculo do custo-padrão

O objetivo básico do cálculo do custo-padrão é o de conhecer o custo do que se pretende produzir, seja produto ou serviço, *a priori*, para somente depois confrontar com o custo real.

Na administração pública, este método de custeio pode ser utilizado em muitos serviços públicos e, certamente, o seu maior valor esteja na utilização do método para a elaboração dos orçamentos anuais, para a definição do montante de recursos de que cada atividade ou projeto necessitará para a sua realização. E, depois de executado, e com base nele, poder-se-á observar a eficiência alcançada no uso dos recursos orçados, comparando-se com o custo-padrão calculado.

7.7.4.3 Um caso aplicado com base no método de custeio-padrão

A Secretaria Municipal de Educação (SME) quer conhecer o custo da merenda escolar servida às 200 crianças do ensino fundamental na Escola do Bairro Itália. Para tanto, a SME forneceu algumas informações para que fosse possível proceder ao cálculo do custo da referida merenda escolar:

a) Em cada dia da semana é servido um prato específico. A cozinheira apresentou as quantidades consumidas para a elaboração da merenda escolar em cada um dos dias da semana:

Segunda		Terça		Quarta		Quinta		Sexta	
Feijão	50 gr	Feijão	50 gr	Feijão	50 gr	Feijão	50 gr	Feijão	50 gr
Arroz	25 gr	Arroz	25 gr	Arroz	25 gr	Arroz	25 gr	Arroz	25 gr
Carne Bovina	25 gr	Frango	30 gr	Peixe	30 gr	Frango	30 gr	Carne Bovina	25 gr
Salada (alface)	4 fls	Salada (tomate)	10 gr	Salada (repolho)	10 gr	Salada (alface)	4 fls	Salada (repolho)	10 gr
Laranja	30 gr	Banana	30 gr	Macarrão	25 gr	Batata	25 gr	Mandioca	25 gr
Leite	150 ml	Leite	150 ml	Suco de Laranja	150 ml	Leite	150 ml	Suco de Laranja	150 ml

b) Os preços médios de aquisição dos insumos para a elaboração da merenda foram os seguintes:

Insumos	Unidade Medida	Preço por Unidade de Medida R$	Unidade Física	Preço Unidade Física
Feijão	kg	0,50	1000	0,00050
Arroz	kg	0,25	1000	0,00025
Carne Bovina	kg	2,50	1000	0,00250
Alface – 20 folhas por pé	pç	0,40	20	0,02000
Laranja	kg	0,25	1000	0,00025
Leite	L	0,50	1000	0,00050
Frango	kg	0,90	1000	0,00090
Tomate	kg	0,45	1000	0,00045
Banana	kg	0,35	1000	0,00035
Macarrão	kg	1,80	1000	0,00180
Peixe	kg	3,00	1000	0,00300
Repolho	kg	0,50	1000	0,00050
Suco de Laranja	L	0,80	1000	0,00080
Batata	kg	0,60	1000	0,00060
Mandioca	kg	0,50	1000	0,00050

c) Outras despesas mensais são:

Itens	$
Condimentos (sal, pimenta, óleo)	200,00
Material de Limpeza	500,00
Mão-de-Obra Direta + Encargos	2.500,00
Luz, Água e Telefone	280,00

d) O estoque de insumos no período era o seguinte:

Insumos	Unidade Medida	Estoque Inicial	Consumo no Período	Estoque Final
Feijão	kg	300	242	58
Arroz	kg	150	114	36
Carne Bovina	kg	45	45	–
Alface – 20 folhas	pç	320	300	20
Laranja	kg	30	28	2
Leite	L	410	380	30
Frango	kg	50	47	3
Tomate	kg	10	10	–
Banana	kg	33	33	–
Macarrão	kg	45	28	17
Peixe	kg	30	30	–
Repolho	kg	20	15	5
Suco de Laranja	L	300	280	20
Batata	kg	20	20	–
Mandioca	kg	25	18	7

e) Cálculo do custo-padrão de cada uma das merendas servidas diariamente:

Toma-se o custo unitário de cada insumo e multiplica-se pela quantidade de insumo-padrão, por prato; desta forma, tem-se o custo-padrão a ser servido em cada um dos dias da semana.

	Segunda	Terça	Quarta	Quinta	Sexta
	0,02500	0,02500	0,02500	0,02500	0,02500
	0,00625	0,00625	0,00625	0,00625	0,00625
	0,06250	0,02700	0,09000	0,02700	0,06250
	0,08000	0,00450	0,00500	0,08000	0,00500
	0,00750	0,01050	0,04500	0,01500	0,01250
	0,07500	0,07500	0,12000	0,07500	0,12000
Custo-padrão do Prato $	0,25625	0,14825	0,29125	0,22825	0,23125

f) Calcule a variação física dos insumos com relação ao padrão, saben-do-se que no mês houve:

⇒ (5) Segundas-feiras;

⇒ (5) Terças-feiras;

⇒ (5) Quartas-feiras;

⇒ (3) Quintas-feiras;

⇒ (4) Sextas-feiras.

Para calcular o consumo físico padrão do feijão, por exemplo, tomam-se:

- dias da semana em que é servido: todos;
- quantos dias úteis ocorreram neste mês: 22 dias;
- qual é a quantidade servida por prato (antes de cozinhar): 50 gramas;
- quantos pratos são servidos diariamente: 200 pratos.

Assim, multiplicando-se:

- 22 (dias) × 50 (gramas de feijão) × 200 pratos = 220.000 gramas de feijão; dividido por 1.000 gramas (1 quilo), temos o consumo físico padrão de feijão no mês de 220 quilos.

Insumos	Consumo Real Físico	Consumo Padrão Físico	Variação Física	Custo Real $	Custo-Padrão $
Feijão	242	220	(22)	121,00	110,00
Arroz	114	110	(04)	28,50	27,50
Carne Bovina	45	45	–	112,50	112,50
Alface – 20 folhas	300	320	20	120,00	128,00
Laranja	28	30	02	7,00	7,50
Leite	380	390	10	190,00	195,00
Frango	47	48	01	42,30	43,20
Tomate	10	10	–	4,50	4,50
Banana	33	30	03	11,55	10,50
Macarrão	28	25	03	50,40	45,00
Peixe	30	30	–	90,00	90,00
Repolho	15	18	03	7,50	9,00
Suco de Laranja	280	270	(10)	224,00	216,00
Batata	20	15	(05)	12,00	9,00
Mandioca	18	20	2	9,00	10,00
TOTAL			$	1.030,25	1.017,70

Desta maneira, pode-se observar que o consumo real de feijão, no mês de referência, foi de 242 quilos e o consumo-padrão indica um consumo de apenas 220 quilos; assim, evidencia-se uma variação física negativa de 22 quilos. Fica, portanto, evidenciada a importância da utilização deste método de custeio para a administração pública. No entanto, conhecer apenas os custos pouco contribui para a melhoria da gestão pública.

Observe que os custos apurados nos métodos de custeio por absorção, variável direto, baseado em atividades e padrão nos trouxeram informações até aqui desconhecidas. Entretanto, ter somente estas informações sobre o custo do produto ou serviço faz com que a tomada de decisões ainda continue limitada, pois o tomador de decisões precisa ter outros dados para poder compará-los e, assim, tomar a melhor decisão do ponto de vista econômico, financeiro e social.

No Capítulo 8 trataremos do resultado econômico, que possibilitará uma visão mais abrangente e completa para a tomada de decisões sobre o consumo de recursos públicos.

8

Resultado Econômico: um Novo Paradigma na Gestão Pública

O objetivo deste capítulo é o de demonstrar a necessidade e a oportunidade de mensurar o resultado econômico em entidades públicas governamentais e não governamentais, para evidenciar o valor do serviço produzido por essas entidades para a sociedade.

8.1 Conceitos fundamentais

Para a mensuração do resultado econômico, faz-se necessário compreender o que é definido como *receita econômica*. O objetivo do Estado é o de promover o bem-estar social (*Welfare State*), para tanto utiliza recursos humanos, físicos e financeiros e oferece serviços à sociedade, que envolve uma receita não explícita em seus balanços. A não-evidenciação contábil dessa receita faz com que a integralização de capital, realizada no exercício financeiro, aparente ser totalmente consumida na consecução das três funções clássicas do Estado.

Nas empresas privadas, os sócios podem, com relativa facilidade, verificar todos os consumos de ativos, do patrimônio. Os capitais de terceiros ou próprios são integralmente aplicados no ativo. Quando desaparecem, transitam obrigatoriamente pela Demonstração de Resultado do Exercício que, de acordo com Iudícibus et al. (1979), é a apresentação, em forma resumida, das operações realizadas pela empresa, durante o exercício social, demonstrada de forma a destacar o resultado líquido do período. Tais consumos estão retratados nas contas de custo dos produtos vendidos, de despesas operacionais, nos custos não operacionais, no recolhimento do Imposto de Renda e contribuições e das participações e contribuições.

Entretanto, no Estado, os recursos financeiros e orçamentários são apresentados, quando consumidos, como despesas de custeio ou despesas de capital, assim, o cidadão, ao estudar as demonstrações financeiras do Estado, observa apenas o gasto público com saúde, educação, transportes etc., não havendo, desta forma, confronto com qualquer receita gerada pelo consumo daqueles ativos, como se vê na Demonstração do Resultado do Exercício da empresa privada. Desta maneira, entende-se que a administração pública deva mensurar e evidenciar essa receita não explícita para que o Estado possa ser avaliado não pelo que consome, mas pelo que produz, pois o Estado deve ser governado e avaliado da mesma forma como se administra e avalia uma empresa privada.

Osborne e Gaebler (1997)

> "declaram que muitas pessoas acreditam que se deve governar como quem administra uma empresa, e podem pensar que é isto que estamos recomendando. Não é verdade.
>
> O governo é uma instituição fundamentalmente diferente da empresa. Os empresários são motivados pela busca do lucro; as autoridades governamentais se orientam pelo desejo de serem reeleitas".

Essa afirmativa no início da obra *Reinventado o governo* é preocupante, pois o livro, como um todo, contraria tal afirmação, pois num mercado competitivo, lucro na empresa é sinônimo de desenvolvimento contínuo e satisfação do cliente. A reeleição é fruto da gestão eficaz com resultados econômicos positivos para a sociedade, entendendo que tanto "a motivação pelo lucro" como "o desejo de reeleição" podem esconder, em certos casos, coisas pouco éticas. No entanto, considera-se que ambos devem pautar-se eticamente e, se assim for, o Estado e suas entidades poderão ser governados como se administra uma empresa, haja vista que o objetivo da administração pública é o de maximizar o retorno do dinheiro arrecadado em favor de seus sócios (cidadãos).

Contudo, os autores do livro *Reinventando o governo* tratam o cidadão como "cliente" e não como sócio, coisas incomparáveis. É fundamental que toda entidade conheça o cliente para quem trabalha, o porquê de sua existência. Todavia, no Estado o cidadão é sócio e por vezes sócio-beneficiário dos serviços por ele prestados.

Osborne e Gaebler (1997) afirmam que os governos têm sua receita fundada primariamente na arrecadação tributária, enquanto as empresas auferem rendimentos dos clientes que adquirem livremente seu produto ou serviço. Como já discutimos anteriormente, a receita de impostos é integralização de capital; neste caso, o Estado terá receita, como tem a empresa, ao evidenciar a receita referente aos serviços prestados à sociedade.

Para tanto, é preciso, primeiramente, que fique claro o que é receita. Para Sprouse e Moonitz (1962), receita de uma empresa durante um período de tempo representa uma mensuração do valor de troca dos produtos (bens e serviços) dela durante aquele período. Iudícibus (1997) concorda com esta definição e diz que é uma das melhores, pois caracteriza o que é essencialmente a receita e dá margem a uma ampla gama de formas pelas quais pode ser reconhecida, colocando bem o fato de que o mercado deverá validar o esforço desenvolvido pela empresa, atribuindo um valor de troca à produção de bens e serviços. Em outras palavras, uma empresa pode ter manipulado fatores, incorrido em custos, mas se o mercado não conferir um valor de troca a esse esforço, não existirá receita para ela.

Nos comentários de Iudícibus, a respeito da definição de receita de Sprouse e Monitz, ele reforça a questão de que o mercado deve atribuir valor ao produto ou serviço produzido, sem isso não haverá receita para a empresa. Ou seja, alguém tem que oferecer um valor de troca, comprar o produto ou serviços que a empresa produziu, sem isso não existirá receita para ela. Este valor oferecido será, então, a receita para a empresa. Porter (1992) diz que valor, em termos competitivos, significa o montante que os compradores estão dispostos a pagar por aquilo que uma empresa lhes oferece. Assim, se o mercado não atribuir valor de troca para os produtos ou serviços produzidos pela empresa, não haverá receita para ela.

8.1.1 Momento do reconhecimento da receita na empresa

A época do reconhecimento e o valor do registro da receita da transação são determinados pelo princípio fundamental da contabilidade da realização da receita com a confrontação com a despesa, obedecido o regime contábil da competência. A receita, portanto, é reconhecida, dentro deste princípio, quando os produtos ou serviços tenham sido executados e entregues ao seu comprador.

8.1.2 Receita em entidades públicas

A expressão *receita pública* refere-se a todo recebimento de impostos, taxas e transferências[1] correntes e de capital. Nesta visão, receita pública caracteriza-se como toda entrada de recursos na entidade, independentemente da contraprestação de serviços ou de entrega de produto diferentemente do conceito de receita para as empresas privadas. Meirelles (2000) fortalece esta visão, conceituando receita pública como o conjunto de recursos financeiros que entram para os cofres estatais, providos de quaisquer fontes, a fim de acorrer às despesas orçamentárias e adicionais do orçamento. Sob esta perspectiva, contabilidade nas entidades públicas trata de impostos, taxas, transferências etc. arrecadados como receita orçamentária. Dessa forma, entende-se que todo o dinheiro que entra na entidade pública que não esteja relacionado com o pagamento de serviços prestados não será receita para ela. Será sim, como na empresa, uma integralização de capital realizada pelo seu sócio (como já fora tratado no Capítulo 3), para que a entidade, de posse desse recurso, aplique em seus ativos e preste serviços aos cidadãos.

---

1   Transferências referem-se a impostos transferidos de uma esfera de governo para outra.

8.1.3 Receita econômica

A receita não explícita na prestação de serviços públicos é conceituada por Slomski (1996) como receita econômica. Sua mensuração se dá pela multiplicação do custo de oportunidade, que o cidadão desprezou ao utilizar o serviço público, pelos serviços que ela tenha efetivamente executado. Para exemplificar a receita econômica, tomar-se-ão dois alunos com a mesma capacidade financeira, que irão estudar em duas escolas com a mesma qualidade e oportunidade. O primeiro aluno estudará na escola privada e pagará R$ 500,00 por mês referentes à mensalidade e o segundo aluno estudará na escola pública e não pagará nada por ser sócio-usuário. Ao final de 48 meses, o primeiro pagará a quadragésima oitava parcela da mensalidade e o segundo terá acumulado em sua poupança o valor de R$ 24.000,00 mais juros do período. Evidencia-se, assim, a receita não explícita produzida pela administração pública aos cidadãos que usufruem seus serviços.

8.1.4 Custo de oportunidade

Custo de oportunidade é o valor do bem ou serviço de que se prescinde. Conforme Samuelson e Nordhaus (1993), a vida está repleta de escolhas. Em virtude de os recursos serem escassos, temos constantemente que decidir o que fazer com o tempo e o rendimento que possuímos em quantidade limitada. Devemos ir a um cinema ou ler um livro? Devemos viajar à Europa ou comprar um automóvel? Em cada um destes casos, tomar uma decisão num mundo de escassez obriga-nos a prescindir de alguma coisa, custa-nos, de fato, a oportunidade de fazer outra coisa. A alternativa de que se abdicou é designada custo de oportunidade.

Slomski (1996) ensina que nas entidades públicas, para efeito do cálculo da receita econômica, deve-se considerar como **custo de oportunidade** o menor preço de mercado a vista, com similar qualidade e oportunidade daquele que o cidadão desprezou ao utilizar o serviço público.

8.1.5 Momento do reconhecimento da receita econômica

A época do reconhecimento e o valor do registro da receita da transação são, também, determinados pelo princípio fundamental da contabilidade – da realização da receita com a confrontação com a despesa, obedecido o regime contábil da competência. Dentro deste princípio a receita econômica, portanto, é reconhecida quando os serviços tenham sido executados e entregues aos cidadãos.

8.2 Resultado econômico em entidades públicas

Autores como Catelli e Guerreiro (1994) definem *resultado econômico* como o melhor sinalizador do grau de eficácia da empresa: "o lucro ou resultado econômico é o melhor indicador do nível de eficácia das empresas". Estes autores tratam como sinônimas as palavras *lucro* e *resultado econômico*, contudo, a palavra *lucro* traz no seu bojo o fator positivo entre receita e custos. Já a palavra *resultado* caracteriza-se pela diferença, por exemplo: diferença entre receita e despesa, se positiva, será lucro, se negativa, será prejuízo. Entretanto, a afirmativa feita pelos pesquisadores é conclusiva, pois se apurado adequadamente o resultado econômico que, obviamente, poderá ser lucro ou prejuízo, será o melhor indicador do nível de eficácia das empresas.

Para Slomski (1996), resultado econômico é a diferença entre a receita econômica e a soma dos custos diretos/variáveis e indiretos identificáveis à entidade pública que a produziu. Neste sentido, o resultado econômico apurado por seu modelo de mensuração do resultado evidencia a eficiência da administração pública no uso dos recursos públicos, haja vista que a eficácia na prestação de serviços públicos somente poderá ser mensurada por outros meios, tais como: a verificação da erradicação de doenças transmissíveis pela aplicação de vacinas etc.

Uma preocupação constante do cidadão para com o Estado é quanto ao volume de impostos[2] consumidos para a prestação dos serviços à sociedade. Tal preocupação prende-se ao fato de que a contabilidade no Estado apresenta resultados que os cidadãos não estão preparados para entender, aumentando, assim, a assimetria entre as informações produzidas pelo Agente e o entendimento delas pelo Principal.

A Contabilidade Pública brasileira é uma contabilidade orçamentária e os resultados apresentados são déficits ou superávits, evidenciando, dessa forma, como foram consumidos os recursos disponibilizados pelo Principal ao Estado durante o exercício financeiro. Se houver excesso de consumo, apresenta-se déficit; se houver consumo inferior à disponibilização de recursos, apresenta-se superávit. No entanto, o cidadão (Principal) está familiarizado com os termos *lucro* ou *prejuízo*. Pode-se dizer que esses termos já fazem parte do "DNA" do homem capitalista que, desde criança, é "forçado" a entender o que significa lucro ou prejuízo. Contudo, superávit e déficit não fazem parte do vocabulário da maioria dos cidadãos.

Os termos *lucro* e *superávit* ou *prejuízo* e *déficit* não são comparáveis. Cada um tem seu significado. Lucro é o indicador da eficácia na empresa privada, superávit é o indicador da economia de recursos.[3] Pode-se ter lucro com superávit

---

2   Recursos disponibilizados pelo Principal.

3   Contudo, o superávit ocorrido no período deve ser analisado, se foi por produtividade/eficiência no consumo de recursos ou se foi devido à não-execução de algum projeto ou atividade previsto no orçamento para aquele exercício financeiro.

e/ou lucro com déficit e o mesmo pode ocorrer com o prejuízo. Contudo, ambos devem ser calculados para a diminuição da assimetria entre o Agente e o Principal.

Considerando-se que, num país capitalista com mercado competitivo, o preço seja formado por duas variáveis, custo e margem (ou lucro), mesmo se tratando do menor preço de mercado, essas duas variáveis estarão embutidas. Assim, poder-se-á verificar se o custo do agenciamento está dentro de condições razoáveis, quando se mensura o resultado econômico de acordo com o modelo proposto por Slomski, pois se houver:

- lucro econômico, significa que o agenciamento está sendo a um custo menor do que o preço de mercado;
- prejuízo econômico, a sociedade poderá rever toda a estrutura do agenciamento.

Promove-se, desta maneira, um *benchmarking*, ou seja, cria-se com esse resultado um processo para comparação com um indicador de desempenho que a maioria da sociedade está preparada para entender sem maiores detalhamentos. Quando a entidade produz um resultado positivo, denominado aqui de lucro econômico, o Principal (cidadão) saberá que seus agentes (o gestor eleito e seus auxiliares) estão produzindo e distribuindo renda econômica, pois, conforme Longo e Troster (1993), o Estado objetiva melhorar a distribuição de renda tendo presentes as considerações de eficiência, a qual fica evidenciada quando a Demonstração do Resultado Econômico apresenta lucro econômico e, ineficiência, quando apresenta prejuízo econômico.

8.2.1 Modelo conceitual de mensuração do resultado econômico em entidades públicas

A mensuração do resultado econômico em entidades públicas requer a observação de alguns pressupostos, tais como:

- cidadão compõe o corpo contribuinte das fontes de recursos, para a manutenção da entidade pública;
- a entidade pública tem como missão prestação de serviços para o desenvolvimento e bem-estar social da coletividade;
- se não existisse o serviço público, num país capitalista e com mercado competitivo, o cidadão buscaria o menor preço de mercado a vista para a contratação de serviços.

O art. 85 da Lei nº 4.320, de 17 de março de 1964, diz textualmente que os serviços de contabilidade nas entidades públicas serão organizados de forma a permitir, dentre outros: a **interpretação dos resultados econômicos** e financeiros. Esta interpretação fica prejudicada, ao nosso ver, com os demonstrativos contábeis produzidos pela contabilidade pública brasileira, pois eles não possibilitam tal interpretação, uma vez que os dados evidenciados, nesses demonstrativos, são financeiros. Assim, entende-se que o modelo de mensuração do resultado econômico, proposto por Slomski (1996), cria esta possibilidade de interpretação do resultado econômico, uma vez que apresenta um novo modelo de prestação de contas na administração pública, com dados econômicos, conforme pode ser verificado no modelo abaixo.

<Identificação da Esfera de Governo> DEMONSTRAÇÃO DO RESULTADO ECONÔMICO <Período de Referência>	
(+) Receita Econômica	
(–) Custos Diretos Identificáveis aos Serviços	
(=) Margem Bruta	
(–) Depreciações	
(–) Custos Indiretos Identificáveis aos Serviços	
(=) Resultado Econômico	

Onde:

- a receita econômica será apurada multiplicando-se o número de serviços prestados pelo seu custo de oportunidade;
- os custos diretos identificáveis aos serviços serão aqueles efetivamente consumidos no mês, em função das unidades produzidas, considerando-se o regime contábil da competência;
- a depreciação dos ativos será calculada em função da vida útil de cada um dos componentes do ativo, utilizados na prestação dos serviços, objeto da receita econômica;
- os custos indiretos identificáveis aos serviços prestados são aqueles que não fazem parte da unidade de serviços, contudo, sem eles seria impossível disponibilizá-los, controlá-los e/ou administrá-los.

8.2.2 Aplicação do modelo conceitual de mensuração do resultado econômico

Para exemplificar a aplicação do modelo de mensuração do resultado econômico, serão utilizados os dados da Escola Básica Municipal Bom Pastor de ensino fundamental de 1ª a 8ª séries. A Tabela 8.1 evidencia o grupo de professores, seus cargos e salários recebidos mensalmente.

Tabela 8.1   *Quadro de servidores da escola.*

Nomes (*)	Cargos	Salários Mensais
José da Silva	Diretor	R$ 1.560,00
Mariza Bittencourt	Secretária	R$ 752,00
Márcia de Oliveira	Bibliotecária	R$ 1.123,00
Gisele de Medeiros	Professora 1ª Série M/V	R$ 945,00
Carla Mendes	Professora 2ª Série M/V	R$ 965,00
Graziele de Souza	Professora 3ª Série M/V	R$ 954,00
Fernanda de Jesus	Professora 4ª Série M/V	R$ 932,00
Cátia dos Santos	Professora 5ª Série M/V	R$ 1.100,00
Marcela dos Reis	Professora 6ª Série M/V	R$ 987,00
Tânia de Quadros	Professora 7ª Série M/V	R$ 989,00
Laura de Brito	Professora 8ª Série M/V	R$ 1.052,00
Suzane da Silva	Servente	R$ 350,00
Patrícia Klauss	Servente	R$ 345,00
Total da Folha de Pagamento da Escola		R$ 12.054,00

(*) Fictícios.

Evidenciou-se, dessa forma, para que se perceba que nesta escola existem servidores, diferentemente daquilo que alguns chamam de "pregos sem cabeça" ao se referirem aos servidores públicos.

Na Tabela 8.2 são apresentados os encargos sociais sobre a folha de pagamento do mês de março de 2001.

Tabela 8.2   *Encargos sobre a folha de pagamento dos servidores da escola.*

Encargos Sociais	%	Valor
Iapas + FGTS + Outros	36,80	4.435,87
Décimo-terceiro Salário	8,33	1.004,09
Adicional de Férias	2,77	333,89
Total	R$	5.773,85

Na Tabela 8.3 são apresentadas outras despesas mensais incorridas na prestação de serviços escolares.

Tabela 8.3   *Outras despesas da escola.*

Energia Elétrica	R$	250,00
Água	R$	350,00
Telefone	R$	125,00
Material de Expediente	R$	725,00
Material de Limpeza e Higiene	R$	1.230,00
Total	R$	2.680,00

A Tabela 8.4 mostra as despesas registradas no Sistema Orçamentário da Contabilidade do Município em seus elementos de despesa.

Tabela 8.4   *Despesas orçamentárias da escola.*

Vencimentos e Vantagens Fixas – Pessoal Civil	R$	12.054,00
Obrigações Patronais	R$	5.773,85
Material de Consumo	R$	1.955,00
Outros Serviços de Terceiros – Pessoa Jurídica	R$	725,00
Total	R$	20.507,85

Se fosse realizada a contabilidade de maneira individualizada, e se fosse efetuada uma transferência intergovernamental de receita orçamentária de R$ 20.600,00 para a escola e, considerando que esta tivesse recebido os recursos e efetuado o pagamento de todas as despesas orçamentárias demonstradas na Tabela 8.4, ter-se-iam os resultados apresentados a seguir:

✓ Resultado Orçamentário

Receita Orçamentária	R$	20.600,00
Despesa Orçamentária	R$	(20.507,85)
Superávit Orçamentário	R$	92,15

✓ Resultado Financeiro

Receita Orçamentária Recebida	R$	20.600,00
Despesa Orçamentária Paga	R$	(20.507,85)
Superávit Financeiro do Período	R$	92,15

✓ Resultado Patrimonial – Considerando-se uma depreciação mensal dos bens móveis e imóveis utilizados na prestação de serviços escolares, no valor de R$ 1.500,00.

Receita Orçamentária	R$	20.600,00
Despesa Orçamentária	R$	(20.507,85)
Depreciação dos Bens Móveis e Imóveis	R$	(1.500,00)
Déficit Patrimonial do Período	R$	(1.407,85)

Como pode ser observado, dos três resultados, dois são superávit de R$ 92,15 (um orçamentário e outro financeiro) e um é déficit de R$ 1.407,85. Fica evidenciado, assim, com essas informações prestadas pela contabilidade normativa, de acordo com a Lei nº 4.320/64, que não se tem nenhuma informação sobre a eficiência da escola no consumo dos recursos públicos, há, sim, informações econômicas e financeiras relativas ao recebimento de recursos e de seus consumos.

Estes resultados (de acordo com a Lei nº 4.320/64) não possibilitam, ainda, a diminuição da assimetria informacional entre o Estado e a sociedade, haja vista que a sociedade está acostumada a observar a última linha da Demonstração do Resultado do Exercício da empresa privada, lucro ou prejuízo. Deste modo, não é possível continuar a avaliar desempenhos da administração pública por **conceitos** que não espelham o valor do serviço público.

É importante salientar que os resultados apurados, de acordo com a Lei nº 4.320/64, e os demonstrativos apresentados, de acordo com a Lei de Responsabilidade Fiscal, são de extrema importância para a verificação dos recebimentos e dos gastos públicos. No entanto, é preciso que se mensure o resultado econômico para que a sociedade consiga visualizar o valor do serviço público. Para tanto, é preciso considerar outros fatores, tais como: o número de serviços prestados, o valor de mercado desse serviço, os custos diretos e indiretos, conforme segue (Tabela 8.5):

- Número de alunos que estudam na escola por turno.

Tabela 8.5   *Número de alunos que estudam na escola por turno.*

Matutino		Vespertino	
Turmas	**Alunos**	**Turmas**	**Alunos**
1ª Série	32	1ª Série	34
2ª Série	29	2ª Série	35
3ª Série	33	3ª Série	33
4ª Série	35	4ª Série	34
5ª Série	34	5ª Série	33
6ª Série	33	6ª Série	35
7ª Série	32	7ª Série	34
8ª Série	35	8ª Série	35
Total	263	Total	273

- Custo de oportunidade (menor preço de mercado para as mensalidades, considerando-se a qualidade e oportunidade da Escola Municipal).

Tabela 8.6 *Custo de oportunidade dos serviços escolares oferecidos pela escola.*

Mensalidade de 1ª a 4ª Séries	R$ 85,00
Mensalidade de 5ª a 8ª Séries	R$ 100,00

Tomando-se o número de crianças que estudam na Escola Municipal Bom Pastor e multiplicando-se por seu custo de oportunidade (quanto os pais pagariam se não houvesse a escola pública, dada a qualidade e oportunidade da escola):

- Receita econômica produzida pela Escola Básica Municipal Bom Pastor, no mês.

Tabela 8.7 *Receita econômica produzida pela escola.*

Matutino			
Séries	Número de alunos	Custo de oportunidade	Receita econômica
De 1ª a 4ª Séries	129	85,00	10.965,00
De 5ª a 8ª Séries	134	100,00	13.400,00
Receita Econômica no Turno Matutino		R$	24.365,00
Vespertino			
Séries	Número de alunos	Custo de oportunidade	Receita econômica
De 1ª a 4ª Séries	136	85,00	11.560,00
De 5ª a 8ª Séries	137	100,00	13.700,00
Receita Econômica no Turno Vespertino		R$	25.260,00
Receita Econômica Mensal da Escola Municipal Bom Pastor	R$		49.625,00

De posse dessas informações (da receita econômica) por turno, é possível verificar o montante de receita econômica produzida pela escola para se fazer a comparação com os custos de produção dos serviços escolares oferecidos aos alunos de 1ª a 8ª séries, durante o mês de referência.

Tabela 8.8   *Demonstração do resultado econômico da escola.*

Prefeitura Municipal de Nossa Senhora do Desterro Demonstração do Resultado Econômico Escola Municipal Bom Pastor Mês de março de 2001	
Receita Econômica	49.625,00
Custos Diretos	(12.999,60)
Pessoal Civil	(11.719,60)
Salários Diretos (Professores)	(7.924,00)
Encargos Sociais Diretos	(3.795,60)
Material de Consumo	(330,00)
Material de Expediente	(330,00)
Serviços de Terceiros e Encargos	(150,00)
Energia Elétrica	(150,00)
Depreciação Bens Móveis e Imóveis	(800,00)
Bens Móveis	(180,00)
Bens Imóveis	(620,00)
Margem Bruta	36.625,40
Custos Indiretos	(9.008,25)
Pessoal Civil	(6.108,25)
Salários Indiretos	(4.130,00)
Encargos Sociais Indiretos	(1.978,25)
Material de Consumo	(1.625,00)
Material de Expediente	(395,00)
Material de Higiene e Limpeza	(1.230,00)
Serviços de Terceiros e Encargos	(575,00)
Energia Elétrica	(100,00)
Água	(350,00)
Telefone	(125,00)
Depreciação Bens Móveis e Imóveis	(700,00)
Bens Móveis	(255,00)
Bens Imóveis	(445,00)
Resultado Econômico	27.617,15

Ao se compararem os resultados apresentados, de acordo com a Lei nº 4.320/64, os superávits (o financeiro e o orçamentário) de R$ 92,15 e o déficit (patrimonial) de R$ 1.407,85, com o lucro econômico, certamente, a sociedade compreenderá qual é o real valor dos serviços públicos, pois a receita econômica produzida no período de referência foi de R$ 49.625,00, com um consumo de recursos orçamentários de R$ 20.507,85 e um consumo de ativos de R$

106   Controladoria e Governança na Gestão Pública

1.500,00, considerando-se a depreciação dos bens móveis e imóveis utilizados na produção dos serviços de ensino fundamental, apresentando, assim, um resultado econômico da entidade, no período em referência, de R$ 27.617,15, evidenciando, desta forma, um lucro econômico para a sociedade na prestação dos serviços de ensino fundamental na Escola Bom Pastor.

O controle da arrecadação e o controle dos gastos devem ser expressos nos moldes da contabilidade pública, segundo a Lei nº 4.320/64 aplicada às entidades públicas de direito interno. Contudo, para que a contabilidade dessas entidades possa expressar o resultado econômico, deve ser calculada a receita econômica, para que dela sejam subtraídos os custos inerentes à sua produção. E, assim, se possa demonstrar o seu resultado econômico.

Valendo-se, ainda, do mesmo exemplo, pode-se observar que, como na empresa privada, da receita produzida no período foram deduzidos os custos de sua produção, respeitando o princípio fundamental de contabilidade, da realização da receita com a confrontação da despesa, fez-se com que o desempenho dos gestores daquela escola fosse evidenciado, da forma pela qual a sociedade está acostumada a avaliar os gestores das entidades privadas por meio da apresentação na última linha da Demonstração do Resultado Econômico o lucro ou prejuízo econômico. Talvez, deste modo, futuros gestores de universidades, hospitais, escolas públicas federais, estaduais e municipais possam iniciar a medição de seus resultados econômicos, fazendo com que num futuro próximo tenham-se novos padrões de avaliação de desempenho para os governantes e, assim, seja distribuída uma "participação nos lucros produzidos" aos servidores do setor.

Em resumo, pode-se concluir ainda que para as entidades de direito público interno desenvolverem a mensuração da receita econômica muito esforço deverá ser desenvolvido pela sociedade, que elege um de seus membros para gerir o seu patrimônio, e que cobra dele nova postura, *vis-à-vis* à Lei de Responsabilidade Fiscal, para que possa tomar decisões de fazer ou deixar de fazer alguma atividade tendo como base o resultado econômico na sua tomada de decisões. E, ainda, para que o gestor eleito, ao final do seu mandato ou a qualquer tempo, preste seu *accountability* de outra forma que não essa mostrada apenas pelas realizações de obras visíveis a olho nu, e, sim, venha à sociedade demonstrando concretamente aquilo que fez em benefício da coletividade, de forma objetiva, baseada em demonstrativos capazes de comprovar quão lucrativa foi a gestão do patrimônio da entidade, sob sua responsabilidade, naquele período.

9

Renda Econômica Produzida
pela Coisa Pública

O objetivo deste capítulo é o de demonstrar a renda econômica produzida pelo serviço público aos cidadãos, via prestação de serviços públicos e, ainda, evidenciar no contracheque econômico as ações compensatórias exercidas pelo Estado, como forma de redistribuição de renda e de minimização da fome e da pobreza.

9.1 Contracheque econômico

Será abordada, nesta seção, a demonstração da distribuição de renda econômica ao cidadão. Para tanto, será utilizado um modelo de demonstração chamado por Slomski (1999) de contracheque econômico, uma vez que o Estado, ao mensurar e demonstrar o resultado econômico através da Demonstração de Resultado Econômico, evidencia o resultado econômico global ou parcial das atividades do Estado para com a sociedade. Já o contracheque econômico, por sua vez, evidencia os serviços prestados pelo Estado ao cidadão aos seus custos de oportunidade e, ainda, os valores transferidos em espécie ou por meio da entrega de materiais (distribuição gratuita) para o cidadão e seus familiares.

Tabela 9.1   *Contracheque econômico.*

CONTRACHEQUE ECONÔMICO <Nome da Família Beneficiada> <Endereço Residencial> (Mês/Ano de Referência)			
(+) **RENDA ECONÔMICA – ACUMULADA NO ANO**		$	
(+) **RENDA ECONÔMICA DOS SERVIÇOS PRESTADOS NO MÊS**	$		
(+) Serviço 1	$		
(+) Serviço 2	$		
(+) **RENDA FINANCEIRA ACUMULADA NO ANO**		$	
(+) **RENDA FINANCEIRA DO MÊS**	$		
(+) Salário Desemprego	$		
(+) Bolsa-Família	$		
(+) Cesta Básica	$		
(+) Medicamentos	$		
(+) Outros	$		
(=) **RENDA ECONÔMICA E FINANCEIRA FAMILIAR ANUAL**		$	

Desta maneira, a renda econômica a ser apresentada no contracheque econômico será aquela dada pela multiplicação dos serviços prestados pelo seu custo de oportunidade. A esta renda somam-se os valores em espécie recebidos do Estado, para verificar qual foi o resultado econômico/financeiro que o Estado gerou para o cidadão e sua família naquele período.

Portanto, a renda econômica apresentada no contracheque econômico será o incremento não monetário auferido pelo cidadão, quando da fruição de um serviço público, ao seu custo de oportunidade.

9.2   Distribuição de renda

Estudos sobre a distribuição de renda, tais como os de Bonelli e Ramos (1993), González (1993), Samuelson e Nordhaus (1993), Ramos e Reis (1995), Azzoni (1997) e Rocha (1997) usam invariavelmente a família como base para suas análises. Como disse Rosseau, a família é a primeira sociedade e a única natural, por isso, entende-se que é na família que devem ser concentrados os esforços de medição e de mensuração do rendimento econômico. Entende-se por família todos aqueles núcleos que congreguem esforços para o bem-estar coletivo, podendo a natural ser formada das mais diversas formas: pai, mãe e filhos, mãe e filhos, pai e filhos, apenas irmãos, avó e neta, parceiros não casados, enfim, qualquer núcleo que agregue esforços para o atingimento do bem-estar coletivo. Com base nesses núcleos familiares, o Estado deveria observar, por meio do Cadastro Geral de Cidadãos, quais são as transferências efetuadas a cada um deles, a fim de informá-los periodicamente sobre a produção e a distribuição de renda efetuada pelo Estado, com o objetivo de diminuir a assimetria de informações entre ele e os cidadãos.

Samuelson e Nordhaus (1993) conceituam rendimento como o total das receitas em dinheiro recebido por um indivíduo ou uma família durante dado período de tempo (normalmente um ano). O rendimento consiste nas receitas provenientes do trabalho, dos rendimentos de propriedade (por exemplo, rendas, juros e dividendos) e das transferências do Estado, devendo ser consideradas como transferências do Estado, também, as não monetárias, provenientes da redistribuição de renda, via prestação de serviços, e as monetárias, tais como:

- a bolsa-escola: recurso financeiro pago à criança que freqüenta a escola com regularidade, objetivando a não-evasão e a diminuição do trabalho infantil;

- o auxílio-desemprego: recurso financeiro pago, por um período máximo de quatro meses, ao cidadão que perde o emprego, objetivando manter um mínimo de dignidade;

- as cestas básicas de alimentos: recurso não financeiro transferido às pessoas em situação de calamidade pública, durante a sua vigência;

- o imposto negativo ou a renda mínima: não implantado no Brasil, contudo há muito discutido.

De acordo com Suplicy e Cury (1994), a idéia de oferecer aos pobres um complemento de renda não é exatamente nova. Primeiro, através da comunidade local, isto é, as paróquias, e mais tarde, como responsabilidade da nação, a sociedade tem necessitado preocupar-se cada vez mais com a melhor maneira de solucionar o problema dos desamparados. E, ainda, de acordo com esses autores, na maioria das nações desenvolvidas existem diferentes formas de programas de garantias de renda mínima. Na Inglaterra, na Alemanha e na Holanda, por exemplo, os pais de crianças com idade até 16 anos recebem um benefício mensal que, na Alemanha, é de $ 50 marcos, na Inglaterra, de $ 9,65 libras por semana para a criança mais velha, e de $ 7,80 para os demais; o benefício, normalmente para as mães, estende-se até os 19 anos, se a pessoa estiver estudando. Na França, desde dezembro de 1988, todos os cidadãos com idade igual ou superior a 25 anos, cuja renda seja inferior a $ 2.184,79 francos, têm direito a uma "Renda Mínima de Inserção" até aquele valor máximo, com complementos para seus dependentes, por um período de três meses que pode ser estendido até 12 meses.

Nos Estados Unidos existe, desde 1975, uma forma de Imposto de Renda negativo, o Crédito do Imposto sobre Rendimentos Auferidos, que se tornou uma das mais importantes formas de auxílio por parte do governo federal. Samuelson e Nordhaus (1993) apresentam uma experiência de imposto negativo sobre o rendimento que envolveu milhares de famílias nos Estados de New Jersey, Indiana, Seattle e Denver. As experiências dividiram um conjunto de famílias escolhido aleatoriamente em grupos de famílias de "controle", que não receberiam tratamento especial, e em grupos "experimentais", que viveriam ao abrigo de um imposto negativo sobre o rendimento durante alguns anos. A Tabela 9.2 torna mais clara a visão dos autores.

Tabela 9.2   *Imposto negativo sobre a renda.*

Fórmula Possível para Imposto Negativo sobre Rendimento		
Receitas de Mercado $	Imposto Algébrico (+) se com imposto; (–) se com benefícios recebidos $	Rendimento após Imposto $
0	– 4.500	4.500
4.000	– 2.500	6.500
7.000	– 1.000	8.000
8.000	– 500	8.500
9.000	0	9.000
10.000	+ 500	9.500

Fonte: Samuelson e Nordhaus (1993, p. 430).

No exemplo utilizado pelos Estados americanos, ocorre uma distribuição de renda financeira, como acontece em todos os demais países que fazem uso desse tipo de mecanismo para minimizar o problema da pobreza. Como disseram Samuelson e Nordhaus, no rendimento familiar devem-se incluir também as transferências efetuadas pelo Estado.

Contudo, poucos são os casos em que se discute a transferência de renda econômica pela fruição dos serviços públicos. Giacomoni (1998), discutindo a distribuição de renda, diz que em sentido amplo uma série de outras medidas públicas enquadra-se nos esquemas distributivos, como, por exemplo, a educação gratuita, a capacitação profissional e os programas de desenvolvimento comunitário. Comenta, ainda, que, mesmo reconhecendo a influência dessas medidas, Muscrave e Muscrave deixam de analisá-las por não considerá-las como instrumento de política fiscal. Analisando esse problema, González (1993), em seu trabalho, afirma que a gratuidade do sistema público de educação também implica, todavia, uma forma de transferência de curto prazo do Estado às famílias, cujo impacto sobre o bem-estar individual deve ser analisado. Este autor apresenta uma tabela que indica o impacto redistributivo ocasionado pelos gastos públicos em educação sobre a distribuição de renda no Peru, conforme segue:

Tabela 9.3   *Transferência de renda com base no custo dos serviços prestados.*

	Quintil 1	Quintil 2	Quintil 3	Quintil 4	Quintil 5	Promédio
Transferência	687,00	1.026,00	968,00	761,00	614,00	808,00
Renda Familiar	7.381,00	16.549,00	25.963,00	39.207,00	108.883,00	39.591,00
Transferência real % da renda familiar	9,3 %	6,2 %	3,7 %	1,9 %	0,6 %	2,0 %

Fonte: ENNIV 1985/86, apud Gonzáles, op. cit. p. 536.

A transferência de renda apresentada por González teve como base os custos dos serviços prestados, calculados por meio da divisão dos gastos correntes pelo número total de alunos matriculados no sistema público de educação. O estudo de González foi apresentado com o propósito de evidenciar a necessidade de somar ao rendimento familiar as transferências de recursos públicos provenientes da fruição dos serviços públicos.

Entretanto, não se pode concordar que seja daquela forma que se deva mensurar tal transferência, pois ela poderá conter eficiências e/ou ineficiências no processo de produção do serviço, as quais deverão ser identificadas para avaliação da entidade, de acordo com seu modelo de Demonstração do Resultado Econômico. Entende-se que é com base no custo de oportunidade do serviço utilizado pelo cidadão que se deve valorar a transferência de renda. Como vimos no Capítulo 8, é necessário que se evidencie essa transferência com base no custo de oportunidade e não no custo contábil da realização do serviço público transferido ao cidadão.

9.3   Demonstração da distribuição de renda econômica

Para a verificação da produção da receita econômica, será apresentado um caso aplicado, desenvolvido por Slomski (1999), que evidencia o resultado econômico gerado pela entidade à sociedade.

A Prefeitura Municipal de Nossa Senhora do Desterro efetua o cadastramento de todos os habitantes do município, tomando por base o registro do Cadastro Municipal dos Imóveis. Dessa forma, obtém os seguintes dados da família Xavier, residente na Quadra 129 – Lote 05, conforme Tabela 9.4:

Tabela 9.4   *Cadastro geral de cidadãos.*

Município X		Quadra: 129 Lote: 05		
Nome	Parentesco	Data Nascimento	Trabalha	Estuda
José da Silva Xavier	Pai	31-3-54	Sim	Não
Carla Xavier	Mãe	4-2-64	Não	Não
Pedro de Toledo Xavier	Filho	11-5-87	Não	Sim
Márcia de Toledo Xavier	Filha	12-7-85	Não	Sim

Com base no cadastro geral de cidadãos, levantou-se o montante de serviços prestados à família residente na Quadra 129 – Lote 05 do Município, durante o mês janeiro de 1999, conforme Tabela 9.5:

Tabela 9.5   *Serviços prestados à família no mês.*

Discriminação dos serviços prestados	Data	Quantidade	Custo de Oportunidade	Total
Consulta médica: Posto de Saúde Bairro Itália – Paciente – Esposa Sra. Carla Xavier – Clínico Geral – CRM/SC 001x-7 – Código doença – 001 – Gastrite	12-1-99	01 un.	25,00 un.	25,00
Ensino de Primeiro Grau – 4ª série na Escola Municipal Bom Pastor	31-1-99	01 un.	85,00 un.	85,00
Ensino de Primeiro Grau – 6ª série na Escola Municipal Bom Pastor	31-1-99	01 un.	100,00 un.	100,00
Coleta do lixo residencial	31-1-99	85 kg	35,00 ton.	2,98
Total Geral no Mês de Janeiro de 1999			**R$**	212,98

Outros dados:

- rendimento familiar mensal (Sr. Xavier) é de R$ 534,00 por mês, descontada a previdência social;
- o consumo do rendimento salarial aconteceu no mês de janeiro de 1999, conforme Tabela 9.6. Sobre os produtos adquiridos, foi destacado o Imposto sobre a Circulação de Mercadorias (ICMS);
- nesse mês, a família pagou a primeira parcela do Imposto Predial e Territorial Urbano (IPTU), bem como a Contribuição Provisória sobre a Movimentação Financeira (CPMF);

Tabela 9.6   *Consumo familiar mensal.*

Grupos de Consumo		%	$	ICMS	Total
Alimentação		54,23 %	289,59	7,00 %	20,27
Vestuário		12,25 %	65,42	17,00 %	11,12
Limpeza		4,20 %	22,43	17,00 %	3,81
Higiene		3,17 %	16,93	17,00 %	2,87
Assistência à Saúde		7,40 %	39,51	12,00 %	5,08
Transporte		12,00 %	64,08	17,00 %	10,89
Educação		3,61 %	19,28	17,00 %	3,27
	Subtotal	**96,86 %**	**517,24**	–	**57,31**
CPMF		0,20 %	1,07	–	1,07
IPTU		2,94 %	15,69	–	15,69
	Total	**100,00 %**	**534,00**	–	**74,07**

Com base nos registros do Município, foram prestados aos residentes do Quadra 129 – Lote 5 os serviços públicos destacados no contracheque econômico, enviado à residência da Família Xavier, conforme Tabela 9.7:

Tabela 9.7   *Contracheque econômico – família Xavier.*

CONTRACHEQUE ECONÔMICO FAMÍLIA XAVIER RUA BARÃO DO RIO BRANCO, 100 – BAIRRO ITÁLIA Mês de JANEIRO de 1999			
(=) RENDA ECONÔMICA ACUMULADA NO ANO		$	212,98
(=) RENDA ECONÔMICA DOS SERVIÇOS PRESTADOS NO MÊS	$	212,98	
(+) Consulta médica: Posto de Saúde Bairro Itália – Paciente – Sra. Carla Xavier – Clínico Geral – CRM/SC 001x-7 – Código doença – XX01 – Gastrite	$	25,00	
(+) Ensino de Primeiro Grau – 4ª série na Escola Municipal Bom Pastor	$	85,00	
(+) Ensino de Primeiro Grau – 6ª série na Escola Municipal Bom Pastor	$	100,00	
(+) Coleta do lixo residencial	$	2,98	
(=) RENDA FINANCEIRA ACUMULADA NO ANO		$	50,00
(=) RENDA FINANCEIRA DO MÊS	$	50,00	
(+) Salário Desemprego	$	0,00	
(+) Bolsa-família	$	0,00	
(+) Cesta Básica – 1 unidade	$	22,00	
(+) Medicamentos – 14 Comprimidos de Omeprazol 20 mg	$	28,00	
(+) Outros	$	0,00	
(=) RENDA ECONÔMICA E FINANCEIRA FAMILIAR ANUAL		$	262,98

Dessa forma, com base no contracheque econômico apresentado pelo município, a renda familiar mensal fica conforme segue:

Tabela 9.8   *Rendimento mensal com renda econômica.*

Rendimentos		$
Salário Mensal Bruto	$	600,00
Previdência Social	$	(66,00)
Salário antes da Integralização de Capital	$	534,00
Integralização de Capital Mensal (ICMS, IPTU, CPMF)	$	(74,07)
Salário Mensal Líquido	$	459,93
Renda Econômica conforme Contracheque Econômico	$	212,98
Renda Financeira conforme Contracheque Econômico	$	50,00
Rendimento Mensal Líquido	$	722,91

No estudo de González (1993), a renda familiar foi acrescida pelo custo do serviço fruído. Neste estudo, a renda familiar é acrescida pelo montante apresentado no contracheque econômico, pois a variável custo indica aquilo que o Estado consumiu para a realização dos serviços prestados. Como foi visto anteriormente, o Estado deve ser avaliado pelo valor dos serviços que presta, e não pelo montante que consumiu para tal realização.

Desse modo, o custo de oportunidade dos serviços públicos utilizados pela família no período é o que realmente se soma ao rendimento dessa família, pois, se não existisse o Estado, esses serviços seriam cobrados pelos seus preços de mercado. Caso a família (Xavier) desejasse obter esses serviços, pelo princípio de exclusão, teria que desembolsar aquela quantia (demonstrada no contracheque econômico), que não teria recursos financeiros salvo se deixasse de consumir outros bens, pois o valor que a família disponibilizou (integralizou) naquele mês para o Estado foi de apenas R$ 74,07 contra uma renda econômica recebida de R$ 212,98.

Com o contracheque econômico, também ficam evidenciados os recursos distribuídos gratuitamente, tais como: medicamentos, cestas básicas etc., em ações compensatórias promovidas pelo governo, que neste exemplo monta R$ 50,00 (R$ 22,00 referentes à cesta básica e R$ 28,00 referentes a medicamentos). Desta maneira, produzir-se-ão dois efeitos. O primeiro é o de evidenciar para quem foi distribuído gratuitamente os bens adquiridos, os quais devem passar pelo sistema de carga e baixa de almoxarifado da repartição. O segundo efeito é o de que o cidadão, ao receber o contracheque econômico, perceberá quanto a administração pública pagou pelo produto que ele recebeu de forma gratuita. E, em casos de existência de superfaturamento nas aquisições materiais de distribuição gratuita, será perceptível ao cidadão mais atento.

Assim, com a Demonstração do Resultado Econômico, a sociedade obtém a informação do resultado global da entidade em determinado período, podendo verificar a eficiência de sua gestão. Com o contracheque econômico, o cidadão poderá verificar qual é o valor dos serviços que ele utilizou no período, em função de sua condição de sócio, devendo esse valor somar-se com sua renda familiar mensal.

10

Balanço Social em Entidades Públicas[1]

O objetivo deste capítulo é demonstrar a aplicação do balanço social em entidades públicas e evidenciar a importância dos relatórios sociais como instrumentos de controle e de transparência junto à sociedade, como uma nova alternativa para a difusão de informações, entre as entidades públicas e a sociedade, através de uma linguagem acessível à maioria dos cidadãos.

10.1 Breve histórico dos relatórios sociais

A sociedade tem convivido com o avanço dos meios de comunicação, associado à abertura de mercados, precedido de inúmeras transformações em quase todos os segmentos. Conseqüentemente, parte da sociedade tem realizado um esforço para compreender tais mudanças, a fim de definir estratégias que permitam aproveitar oportunidades. Neste contexto a contabilidade tem procurado assumir, cada vez mais, um papel de destaque no cenário mundial, no qual sua política de divulgação tem incorporado elementos de responsabilidade social das entidades.

No Brasil, tais fatos podem ser notados a partir da promulgação da Constituição Federal de 1988, com o processo de descentralização, que teve alguns pontos considerados como positivos, principalmente no que diz respeito à proximidade dos beneficiários com as ações sociais (redução da burocracia), o que possibilitou a diminuição de custos conjugado ao aumento da eficácia e da eficiência na aplicação das políticas públicas que passaram a atuar em consonância com as realidades regionais e locais. Essa aproximação com a comunidade leva a uma maior participação do cidadão como parceiro e agente fiscalizador da

---

1   Este capítulo foi escrito em parceria com Amaury José Rezende, Mestre em Ciências Contábeis pela Faculdade de Economia, Administração e Contabilidade da Universidade de São Paulo.

administração pública. Assim, neste cenário a administração pública se faz presente, quando exige do gestor público cada vez mais competência e transparência na aplicação dos recursos governamentais, surgindo assim a *accountability*, que, na opinião de Campos (1990), começou a ser entendida como questão de democracia. Quanto mais avançado o estágio democrático, maior o interesse pela *accountability* governamental, que tende a acompanhar o avanço de valores democráticos, tais como igualdade, dignidade humana, participação, representatividade.

Entretanto, Slomski (1999) diz que o cidadão não sabe com certeza se o seu agente está maximizando o retorno de seu capital, como ele desejaria, na produção de bens e serviços, gerando, assim, uma assimetria informacional. E, assim, para minimizá-la desenvolve o modelo conceitual da Demonstração do Resultado Econômico como alternativa de evidenciação pública, a fim de evidenciar a eficiência na gestão de entes públicos.

10.1.1 *Disclosure* de informações sociais nas entidades

É crescente o número de profissionais envolvidos com o *disclosure* de informações sociais nas entidades, talvez por uma questão de mudança comportamental (consciência crítica da população), associada ao desenvolvimento do marketing social (imagem da entidade perante a sociedade), em que um grupo de países tem adotado esta idéia e as empresas públicas e privadas têm procurado divulgar e vender causas sociais (saúde, educação, assistência social, meio ambiente) como um instrumento de estratégia empresarial. Um dos demonstrativos responsáveis por estas mudanças é denominado de balanço social, que, na concepção de Kroetz (2000), é um instrumento que deve demonstrar, claramente, quais as políticas praticadas e quais os seus reflexos no patrimônio, objetivando evidenciar sua participação no processo de evolução social, o qual divulga informações de cunho econômico e social com uma nova linguagem, que desperta maior interesse entre os usuários.

Foi a França o primeiro país a instituir por força de lei a obrigatoriedade de elaboração e divulgação de tal relatório em 1977. Atualmente, os conceitos de balanço social no setor privado são mecanismos de transparência da gestão, os quais vêm sendo aplicados também a órgãos governamentais, como medida de desempenho e retorno social dos recursos públicos.

No Brasil, há indícios deste tipo de informação social desde 1964, com atuação da Associação dos Dirigentes Cristãos de Empresas (ADCE), que emitiu o "Decálogo do empresário cristão", cujos princípios prevêem que a empresa tem uma função social, a qual se materializa por meio da promoção dos que nela trabalham e da comunidade na qual está inserida. O governo federal implantou em 1975 a Relação Anual de Informações Sociais (RAIS), que possui caráter obrigatório e finalidades específicas voltadas para o Ministério do Trabalho e

Ministério do Planejamento; sua estrutura possui um conjunto de dados ligados a recursos humanos.

O balanço social teve seu apogeu no Brasil quando o sociólogo Herbert de Souza, o Betinho, publicou sucessivos artigos num periódico de circulação nacional, no qual solicitava à classe empresarial e ao poder público a divulgação de informações sociais desenvolvidas pelas entidades e, por outro lado, conclamava a sociedade a participar de forma mais atuante em questões que envolvessem aspectos sociais.

10.2 Relatório social como instrumento de avaliação de desempenho e transparência

O mundo tem passado por transformações de todas as espécies, levando à existência de maior interação entre governantes e sociedade. Osbone e Gaebler (1997) afirmam que nos EUA têm-se registro de ações de natureza sociais por volta de 1970, quando surgiu um movimento de defesa do direito ao bem-estar, exigindo maior controle sobre o sistema de assistência social; um movimento dos direitos dos moradores, que exigia maior controle sobre o sistema de habitação popular; um movimento de vizinhança, que pleiteava maior controle sobre o desenvolvimento urbano e os serviços públicos.

No Brasil, esse tipo de mudança de atitudes pode ser visualizado em todos os campos, político (*impeachment*, instauração de CPIs), empresarial (apoio à cultura, educação, esporte etc.), governamental (valorização do servidor, aumento quantitativo nos investimentos sociais), comunitário (maior participação). Diante dessa concepção, o gestor público sente cada vez mais a necessidade de mostrar seu desempenho perante a comunidade. Esse crescente interesse da população em participar da vida política e em especial de temas ligados à área social possibilita ao cidadão entender melhor o papel do Estado como agente arrecadador de tributos e distribuidor destes através de programas de saúde, educação, habitação etc. Destarte, essa conscientização da sociedade tem provocado, também, mudanças comportamentais na política, exigindo dos governantes maior controle e transparência dos recursos públicos. Souza (1997) ressalta que é chegado o momento de orientar a proposta para entidades públicas – municipais, estaduais e federais. Enfim, todas as instituições públicas que atuam na sociedade: prefeituras, governos estaduais e respectivas secretarias, universidades e organizações não governamentais.

O modelo para a coleta de dados de atuação social é o mesmo das empresas privadas. A diferença está na cobrança, inevitavelmente maior na esfera pública. Mais do que nunca, a entidade pública deve fazer todo o esforço para implementar políticas sociais. Dentro desta perspectiva e com o aumento da conscientização sobre o tema social, surgem talvez as primeiras necessidades de transparência e a efetiva cobrança por parte da população. Tudo isso tem forçado as lideranças a implementar a prática da tão esperada *accountability*. Neste contexto, a Lei de Responsabilidade Fiscal (LRF) agrega novas formas de transparência, que leva à contenção de gastos e adequação das receitas com as despesas do setor público, no qual conta com a contabilidade pública, que procura com o auxílio da legislação vigente atingir seus objetivos de registro, controle, transparência, prestação de contas e divulgação de informações.

Em vista disso, surge a necessidade da criação de relatórios sociais que venham expressar, de forma simplificada, as origens e as aplicações dos recursos públicos. A partir daí, utilizar-se-á uma proposta de relatório para evidenciar gastos públicos que possibilitará a prestação de contas para órgãos governamentais e comunidade, além de propiciar o suporte e apoio ao gestor público na avaliação de desempenho, a fim de melhorar a imagem do poder público perante a sociedade.

10.3 Universidade pública: financiamento e responsabilidade social

Com o intuito de promover a satisfação das necessidades da população, o Estado presta serviços. A universidade, como instrumento do Estado, trabalha no tripé o ensino, a pesquisa e a extensão, no qual procura criar cursos que atendam à demanda do mercado, formando profissionais atuantes e críticos; para tanto, as universidades mantêm linhas de pesquisas comprometidas com o desenvolvimento econômico local e regional.

A extensão universitária tem como meta promover a interação entre a comunidade e os núcleos de pesquisa e ensino, o que propicia investimentos da iniciativa privada nas universidades públicas, proporcionando pesquisa de qualidade e o desenvolvimento de tecnologia de ponta. Assim, essa atividade de extensão vem reforçar o tripé universidade, empresa e comunidade, através de atendimentos médicos, odontológicos, jurídicos, contábeis e administrativos, cursos, palestras e encontros etc.

O financiamento das atividades-fins das universidades federais de ensino está garantido junto ao Capítulo III, seção I, da Constituição Federal do Brasil, e tem como principal fonte de recursos para manutenção o chamado Orçamento Fiscal da União, e como fonte secundária o orçamento da seguridade, com vistas a subsidiar as atividades dos hospitais universitários.

Atualmente, há um movimento da iniciativa privada em direção à capacidade técnico-científica das universidades em todas as áreas da pesquisa aplicada, gerando a expectativa de novas fontes de financiamento para a educação.

10.4 Balanço social: aplicado à universidade pública

Com o intuito de mensurar e evidenciar as ações sociais, busca-se com a aplicação de um modelo de balanço social para universidades públicas demonstrar sua aplicabilidade para evidenciar as ações quantitativas e qualitativas realizadas no *campus* da Universidade Federal, que conta com:

- dez cursos de graduação e um curso de mestrado em Letras, além de cinco cursos de especialização em andamento; seu corpo discente é formado por 2.356 acadêmicos, sendo aproximadamente 70% destes provenientes de cidades do interior paulista;
- o corpo docente do *campus* constitui-se em 108 professores, sendo 58 professores efetivos em regime de dedicação exclusiva, 45 professores substitutos, 1 cedido e 4 voluntários (colaboradores). Além do ensino, a universidade tem procurado promover a interação com a sociedade local e regional através da extensão universitária e da realização de pesquisas científicas.

Para a obtenção dos dados, o grupo de pesquisa valeu-se de questionários e entrevistas. As informações financeiras foram obtidas com base nos balancetes do sistema orçamentário, financeiro e patrimonial do ente pesquisado. E as informações físicas (referentes aos serviços prestados à sociedade local) foram obtidas junto aos departamentos da universidade.

A receita econômica calculada com base na fórmula (RE = Número dos Serviços Prestados × Custo de Oportunidade) foi apurada considerando-se preços médios de mercado dos serviços prestados, na região onde está inserido o ente pesquisado. Os serviços prestados e o cálculo analítico mensal da receita econômica serão evidenciados no decorrer do caso.

No tocante aos custos com recursos humanos no item salários, foram utilizados para os cálculos o valor total dos gastos com a folha de pagamento dividido pelo número de professores efetivos, definindo o salário-médio da categoria; o mesmo tratamento foi dispensado para determinar o salário-médio das demais categorias.

10.4.1 Resultados da aplicação do modelo de balanço social

Com base nos dados levantados, tanto foi elaborado o balanço social, em que são apresentados os dados qualitativos e quantitativos referentes às atividades sociais, como foi efetuada a mensuração do resultado econômico de uma Universidade Federal, referente ao exercício financeiro de 2002. O modelo de balanço social proposto apresenta-se dividido em duas etapas:

- a primeira tem como objetivo evidenciar as atividades sociais realizadas pela entidade;
- a segunda etapa objetiva, por meio da apuração do resultado econômico, verificar se os recursos consumidos nas atividades propiciaram a criação de valor para a sociedade.

Assim, a primeira parte do balanço social da universidade pode ser observada na Tabela 10.1:

Tabela 10.1 *Balanço social.*

BALANÇO SOCIAL		
Universidade Federal		
Exercício Financeiro de 2002		

IDENTIFICAÇÃO DA ENTIDADE: Universidade Federal			
ENDEREÇO:		TELEFONE:	FAX:
LOGRADOURO:	NÚMERO:	BAIRRO:	MUNICÍPIO:
UF:	E-MAIL:	HOME PAGE:	

INDICADORES SOCIAIS DE EDUCAÇÃO E CULTURA	
Alunos matriculados/número de professores – (2.356/108)	22
Número de servidores/alunos – (2.356/54)	44
Número de atendimentos da biblioteca/número de servidores da biblioteca (anual)	7892
Número de projetos de ensino/número total de professores – (1/108)	0,009
Número de projetos de pesquisa/número total de professores – (25/108)	0,23
Número de projetos de extensão/número total de professores – (40/108)	0,37
Número de artigos publicados/número total de professores – (95/108)	0,9

RECURSOS HUMANOS

CATEGORIAS	PROFESSORES					TÉCNICOS				
	Nº Efetivos Ativos	Nº Efetivos Inativos	Substitutos	Colaboradores	Cedidos	Nº Efetivos Ativos	Nº Efetivos Inativos	Cedidos	Cedidos	Serviços Terceirizados
Total	58	23	45	4	1	34	15	6	6	14

ATIVIDADES DE ENSINO

Cursos	Números de Acadêmicos						Nº de Projetos de Ensino
	Graduação	Pós-graduação	Pós-graduação	Formandos/ Graduação	Total Alunos	
		Lato sensu	Stricto sensu	Lato sensu			
Total	1.879	101	40	126	311	2.356	1

ATIVIDADES DE PESQUISA

	Número de Acadêmicos			
	Bolsistas I. Científica	PET/Geografia	Projetos de Pesquisa	Bolsista Pós-graduação
Total	17	10	25	0

PRODUÇÃO CIENTÍFICA

	Artigos Publicados		Publicação de Livros	Participações em bancas Mestrado/Doutorado	Palestras e Conferências Proferidas		Participação Eventos	
	Nac.	Inter.			Nac.	Inter.	Nac.	Inter.
Total	87	8	2	34	17	0	58	1

EXTENSÃO

Cursos	ADM.	BIO.	Contábeis	Direito	Enfermagem	GEO.	História	Letras	MAT.	Pedagogia	Total
Nº Projetos	3	4	2	2	0	10	8	2	5	4	40

ATENDIMENTO À COMUNIDADE

NÚMERO DE ATENDIMENTOS	Moradia Estudantil	Restaurante Universitário	Biblioteca		Escritório modelo – Direito	Empresa Júnior (ADM/CONT)
			Livros Emprestados	Livros e Periódicos Consultados		
	100	65	28.630	26.612	324	0

122 Controladoria e Governança na Gestão Pública

Com a aplicação do modelo do balanço social proposto foi possível verificar o trabalho social desenvolvido pela universidade, onde se identificou que no exercício 2002 foram realizados 40 projetos de extensão, 25 projetos de pesquisa e um projeto de ensino.

A produção científica do corpo docente atingiu a marca de 95 artigos publicados, sendo oito destes internacionais; houve publicação de dois livros e participação de docentes em 34 bancas de mestrado e doutorado; 17 palestras foram proferidas por docentes deste *campus* e 59 participações em congressos nacionais e internacionais. No tocante à relação professor/artigo publicado, alcançou o índice de 0,9, número este que aumenta para 1,64, ao se considerar apenas professores efetivos.

Cabe ressaltar que, apesar da escassez de recursos financeiros, o *campus* tem realizado um esforço para sanar tais dificuldades. Quanto ao papel social, este extrapola a atividade de ensino, no qual o *campus* ofereceu moradia estudantil para cerca de 100 acadêmicos em média/mês durante o ano, 65 refeições subsidiadas/dia junto ao restaurante universitário e 324 atendimentos pelo núcleo de assistência jurídica no ano pesquisado. Um fato preocupante verificado diz respeito à empresa júnior de consultoria em administração e ciências contábeis, visto que esta não realizou nenhum atendimento durante o ano de 2002. A iniciação científica está presente em cinco cursos, com 17 bolsas do CNPq, e o curso de geografia mantém o programa especial de treinamento (PET) com a participação de dez bolsistas da Capes.

Diante de uma sociedade consciente e atuante, constata-se que o caminho a ser trilhado pela ação governamental passa pela informação fidedigna. Destarte, o bom gestor deve estar atento às transformações, a fim de utilizar ao máximo os mecanismos de evidenciação como suporte para o planejamento, o controle e a transparência da gestão. A contabilidade possui, desde sua origem, um compromisso com a boa informação; ela procura comunicar aos usuários a situação econômico-financeira de determinada entidade, em que está inserida a contabilidade governamental. Assim, acredita-se que a contabilidade atinge seus objetivos quando utiliza um sistema de informação contábil que suporte o processo de tomada de decisões e a transparência dos gastos públicos.

10.4.2 Aplicando o modelo conceitual de mensuração do resultado econômico

Para apresentar o resultado econômico do *campus* da Universidade Federal foi utilizada a Demonstração do Resultado Econômico. A Tabela 10.2 evidencia a receita econômica produzida pelo *campus*, no período pesquisado.

Tabela 10.2   *Custo de oportunidade para mensalidades no ensino privado.*

CUSTO DE OPORTUNIDADE PARA MENSALIDADES NO ENSINO PRIVADO				
GRADUAÇÃO – MATUTINO				
Cursos	**Nº Alunos**	**Custo de Oportunidade**	**Receita Econômica Mensal**	**Receita Econômica Anual**
Administração	130	R$ 200,00	R$ 26.000,00	R$ 312.000,00
Ciências Contábeis	110	R$ 200,00	R$ 22.000,00	R$ 264.000,00
Ciências Biológicas	118	R$ 180,00	R$ 21.240,00	R$ 254.880,00
Direito	80	R$ 450,00	R$ 36.000,00	R$ 432.000,00
Enfermagem	115	R$ 350,00	R$ 40.250,00	R$ 483.000,00
Total	**553**		**R$ 145.490,00**	**R$ 1.745.880,00**
GRADUAÇÃO – NOTURNO				
Cursos	**Nº Alunos**	**Custo de Oportunidade**	**Receita Econômica Mensal**	**Receita Econômica Anual**
Administração	208	R$ 200,00	R$ 41.600,00	R$ 499.200,00
Ciências Contábeis	242	R$ 200,00	R$ 48.400,00	R$ 580.800,00
Direito	220	R$ 450,00	R$ 99.000,00	R$ 1.188.000,00
Geografia	260	R$ 180,00	R$ 46.800,00	R$ 561.600,00
História	163	R$ 180,00	R$ 29.340,00	R$ 352.080,00
Letras	181	R$ 180,00	R$ 32.580,00	R$ 390.960,00
Matemática	155	R$ 180,00	R$ 27.900,00	R$ 334.800,00
Pedagogia	208	R$ 180,00	R$ 37.440,00	R$ 449.280,00
Total	1.637		**R$ 363.060,00**	**R$ 4.356.720,00**
PÓS-GRADUAÇÃO				
CURSOS	**Nº Alunos**	**Custo de Oportunidade**	**Receita Econômica Mensal**	**Receita Econômica Anual**
Pós-graduação *Stricto sensu*	40	R$ 500,00	R$ 20.000,00	R$ 240.000,00
Pós-graduação *Lato sensu*	126	R$ 250,00	R$ 31.500,00	R$ 378.000,00
TOTAL	**166**		**R$ 51.500,00**	**R$ 618.000,00**
TOTAL DAS RECEITAS			**R$ 560.050,00**	**R$ 6.720.600,00**

A Tabela 10.3 evidencia o grupo de professores, técnicos e servidores e seus cargos e salários recebidos mensalmente.

Tabela 10.3   *Quadro de servidores – salários.*

QUADRO DE SERVIDORES – SALÁRIOS				
	Servidores	Salário Base	Total Mensal	Total Anual
Servidores Terceirizados	14	R$ 255,00	R$ 3.570,00	R$ 51.168,81
Encargos – 18%			R$ 642,60	R$ 9.210,39
Professores Substitutos	45	R$ 760,00	R$ 34.200,00	R$ 490.188,60
Encargos – 8%			R$ 3.078,00	R$ 44.116,97
Professores Efetivos	58	R$ 3.913,79	R$ 226.999,82	R$ 3.253.588,42
Dep. Téc. – Laboratório	5	R$ 1.800,00	R$ 9.000,00	R$ 128.997,00
Dep. Téc. – Direção	2	R$ 1.800,00	R$ 3.600,00	R$ 51.598,80
Dep. Téc .– Biblioteca	5	R$ 1.800,00	R$ 9.000,00	R$ 128.997,00
Dep. Téc. – Comunicação	4	R$ 1.800,00	R$ 7.200,00	R$ 103.197,60
Dep. Téc. – Financeiro	2	R$ 1.800,00	R$ 3.600,00	R$ 51.598,80
Dep. Téc. – Transporte	1	R$ 1.800,00	R$ 1.800,00	R$ 25.799,40
Dep. Téc. – Manutenção	3	R$ 1.800,00	R$ 5.400,00	R$ 77.398,20
Dep. Téc. – Segurança	5	R$ 1.800,00	R$ 9.000,00	R$ 128.997,00
Dep. Téc. –Administrativo	2	R$ 1.800,00	R$ 3.600,00	R$ 51.598,80
Dep. Téc. – Graduação e Pós	5	R$ 1.800,00	R$ 9.000,00	R$ 128.997,00
Encargos –11%			R$ 31.701,98	R$ 454.384,48
Total Líquido de Encargos	**151**		**R$ 329.690,42**	**R$ 4.164.413,59**

A Tabela 10.4 demonstra o volume de recursos consumidos no ano de 2002 referentes às despesas de custeio do *campus*.

Tabela 10.4   *Despesas de custeio anual.*

Despesas de Custeio Anual	
Diária (Pessoal Civil)	R$ 14.054,25
Manutenção de Veículos	R$ 42.291,32
Manutenção de Prédios e Instalações	R$ 52.612,19
Energia Elétrica	R$ 104.117,70
Material de Expediente	R$ 4.990,69
Manutenção de Equipamentos de Informática	R$ 22.009,61
Manutenção de Bens Móveis	R$ 3.625,79
Despesas Diversas	R$ 3.978,91
Telefone	R$ 18.000,00
Total	**R$ 265.680,46**

A Tabela 10.5 evidencia tanto as despesas com remuneração dos servidores quanto as obrigações sociais e os gastos com projetos de pesquisa e extensão.

Tabela 10.5 *Total de despesas.*

Total de Despesas	
Pessoal civil	R$ 4.164.413,59
Obrigações patronais (INSS)	R$ 511.011,84
Despesas de Custeio Anual	R$ 265.680,46
Gasto c/ Projetos de Pesquisa e Extensão	R$ 25.918,89
Total	**R$ 4.967.024,78**
Encargos s/ Folha de Pagamento do Ano de 2002	
INSS + FGTS + 13º e Outros	R$ 507.711,84
Previdência Social (20%) s/ serviços prestados	R$ 3.300,00
Total	**R$ 511.011,84**

A Tabela 10.6 apresenta os valores tanto do ativo imobilizado quanto respectivos à depreciação do período.

Tabela 10.6 *Depreciação de imóveis.*

Depreciação de Imóveis	Valor Contábil
Imóveis	R$ 2.770.000,00
Depreciação Direta	R$ 81.700,00
Depreciação Indireta	R$ 29.100,00
Total da Depreciação	**R$ 110.800,00**

A Tabela 10.7 demonstra os valores dos veículos e os valores respectivos à depreciação do período.

Tabela 10.7 *Depreciação de veículos.*

Depreciação de Veículos		Valor Contábil	
Veículos		R$ 47.100,00	
Total da Depreciação		**R$ 4.710,00**	
Depreciação Móveis e Utensílios	Valor Contábil		V. Depreciação
Carteiras, Mesas e Armários	R$ 62.500,00		R$ 6.250,00
Computadores e Periféricos	R$ 30.000,00		R$ 6.000,00
Equipamentos de Laboratórios	R$ 45.000,00		R$ 4.500,00
Total	**R$ 137.500,00**		**R$ 16.750,00**

A Tabela 10.8 apresenta a demonstração do resultado econômico do período de 2002.

Tabela 10.8   *Demonstração do resultado econômico.*

DEMONSTRAÇÃO DO RESULTADO ECONÔMICO		
RECEITA ECONÔMICA – ANUAL	R$	6.720.600,00
CUSTOS DIRETOS	R$	3.616.974,08
Pessoal Civil (salários)	R$	3.461.474,54
Salários Diretos (Professores Efetivos)	R$	3.253.588,42
Encargos Sociais Diretos	R$	(357.894,73)
Salários Diretos (Professores Substitutos)	R$	490.188,60
Encargos Sociais Diretos	R$	(39.215,09)
Departamento Técnico – Laboratório	R$	128.997,00
Encargos Sociais Diretos	R$	(14.189,67)
Material de Consumo	R$	4.990,69
Material de Expediente	R$	4.990,69
Serviços de Terceiros e Encargos	R$	52.058,85
Energia Elétrica	R$	52.058,85
Depreciação de Bens Móveis e Imóveis	R$	98.450,00
Bens Móveis	R$	16.750,00
Bens Imóveis	R$	81.700,00
MARGEM BRUTA	R$	3.103.625,92
CUSTOS INDIRETOS	R$	968.281,86
Pessoal Civil	R$	707.840,94
Salários Indiretos Técnicos	R$	799.351,41
Encargos Sociais Diretos	R$	(91.510,47)
Despesas de Custeio (Energia Elétrica e Material de Expediente)	R$	156.572,07
Material de Consumo	R$	156.572,07
Serviços de Terceiros e Encargos	R$	70.058,85
Energia Elétrica	R$	52.058,85
Telefone	R$	18.000,00
Depreciação Bens Móveis e Imóveis	R$	33.810,00
Bens Móveis	R$	4.710,00
Bens Imóveis	R$	29.100,00
RESULTADO ECONÔMICO	R$	2.135.344,07

Juntamente com os dados qualitativos, o balanço social apresenta a evidenciação contábil através do modelo de mensuração do resultado econômico proposto por Slomski (1996), no qual se constata que o *campus* estudado da

Universidade Federal gerou um lucro econômico de R$ 2.135.344,07, no ano de 2002, ressaltado quando da comparação da receita econômica do período, que foi de R$ 6.720.600,00, com os custos diretos e indiretos que montaram R$ 4.585.255,94.

A depreciação não é evidenciada nos relatórios públicos obrigatórios; no entanto, o modelo a evidencia, haja vista que o consumo da vida útil de bens móveis e imóveis, no período, representa o valor de R$ 132.260,00, e este valor deve ser considerado como custo na prestação dos serviços públicos.

Para que seja alcançado, de fato, o bem-estar social da sociedade, é necessário um conjunto de esforços de evidenciação dos atos da administração pública e a publicação do balanço social pode, certamente, ser um instrumento para o gestor de qualquer entidade pública ao final de seu mandado ou em qualquer tempo prestar seu *accountability* referente às suas ações frente ao ente público que dirige.

11

Governança Corporativa
na Gestão Pública

Este capítulo evidenciará ao leitor a consonância perfeita entre as funções da controladoria na gestão da coisa pública e os princípios difundidos pelo Código das Melhores Práticas de Governança Corporativa publicado pelo Instituto Brasileiro de Governança Corporativa (IBGC),[1] no que tange à governança corporativa na gestão pública.

11.1 Termo *governança*

Governança corporativa, para o IBGC, é o sistema pelo qual as sociedades são dirigidas e monitoradas, envolvendo os relacionamentos entre acionistas/cotistas, conselho de administração, diretoria, auditoria independente e conselho fiscal. As boas práticas de governança corporativa têm a finalidade de aumentar o valor da sociedade, facilitar seu acesso ao capital e contribuir para sua perenidade.

A governança corporativa na gestão pública não governamental (terceiro setor) deve utilizar a definição dada pelo IBGC, pois estas entidades diferem apenas quanto à figura do acionista/cotista para o doador de recursos. E, desta maneira, as boas práticas de governança corporativa, nestas entidades, têm a finalidade de aumentar o valor da sociedade em termos de reconhecimento dos trabalhos prestados, bem como pelo seu resultado econômico produzido, facili-

---

1   O IBGC é uma organização exclusivamente dedicada à promoção da governança corporativa no Brasil e o principal fomentador das práticas e discussões sobre o tema no país, tendo alcançado reconhecimento nacional e internacional. Fundado em 27 de novembro de 1995, tem seu propósito de "ser a principal referência nacional em governança corporativa; desenvolver e difundir os melhores conceitos e práticas no Brasil, contribuindo para o melhor desempenho das organizações e, conseqüentemente, para uma sociedade mais justa, responsável e transparente".

tar seu acesso ao capital para a manutenção via doações, subvenções etc. e, assim, contribuir para sua perenidade, para o atendimento de necessidades das gerações futuras.

No entanto, ao se pensar na governança corporativa na gestão pública governamental é preciso reorientar, criar novas formas de ver a coisa pública, haja vista que, como fora dito no Capítulo 3, o cidadão não paga impostos, integraliza capital.

11.2 Objetivos

Neste tópico abordar-se-ão os objetivos do código das melhores práticas de governança corporativa, editado pelo IBGC, os quais serão vistos sob a ótica de suas aplicações na gestão pública governamental.

11.2.1 Aumentar o valor da sociedade

Para uma melhor compreensão deste objetivo tomar-se-á a cidade de São Paulo como exemplo. Ao sobrevoá-la em uma noite clara e sem nuvens, vê-se uma bela construção com muitas avenidas, ruas, vielas iluminadas e com muitas árvores, com asfalto, com calçamento, com viadutos, com túneis, com pontes sobre os rios Pinheiros e Tietê, entre outros. Podem-se observar também os parques e as praças, parece uma cidade perfeita. Ao se repetir o vôo durante o dia ver-se-á a desigualdade, bairros apinhados de casas e sem árvores, sem praças, com quase nada e bairros com baixa densidade de casas, com muitas árvores, piscinas etc. Observa-se, no entanto, que a cidade em seus 451 anos acumulou grande patrimônio em bens de infra-estrutura. Observam-se, também, ações de recuperação dos rios Tietê e Pinheiros com vistas ao rebaixamento das suas calhas e de recuperação de suas margens, obras de saneamento básico com a construção de unidades de tratamento de esgoto, que tornarão potáveis as águas dos rios Tietê e Pinheiros e de construção de piscinões para a contenção das águas das típicas chuvas de verão. Outra obra perceptível é o rodoanel Mário Covas, o trecho oeste já concluído, que eliminou a necessidade de milhares de caminhões transitarem diariamente pelas marginais dos rios Pinheiros e Tietê, diminuindo, assim, a poluição e o congestionamento no trânsito; a construção da linha Amarela do Metrô, que ligará o centro da cidade de São Paulo à cidade de Taboão da Serra; os corredores de ônibus, que aumentam o fluxo do transporte coletivo (a implantação do bilhete único e agora a provável integração com trens e com o metrô); a construção dos CEUs nos bairros mais necessitados, além de tantas outras obras de igual importância.

Tudo isso, certamente, produzirá valor para a sociedade. Os paulistanos estão alterando o valor da sua sociedade. Uma cidade poluída, sem transporte coletivo eficiente, sem educação pública com qualidade e em número suficiente, sem saúde curativa e preventiva, sem segurança pública ostensiva e investigativa perde valor. As ações dos governos do Estado de São Paulo e da cidade de São Paulo, nos últimos anos, fizeram com que a cidade começasse a ter perspectiva de geração de valor aos bens privados aqui localizados, com a melhoria do bem-estar das pessoas que habitam a cidade de São Paulo.

Tomou-se a cidade de São Paulo como exemplo. Entretanto, essa análise pode ser feita pelo cidadão ao observar se a gestão pública de seu Estado ou de seu Município está produzindo valor para a sociedade:

- se está produzindo a favelização de sua cidade ou a melhoria das condições de habitação de seus munícipes;
- se está produzindo uma sociedade escolarizada ou analfabeta;
- se está tomando providências para a melhorias das condições sanitárias ou não;
- se está melhorando as condições de saúde da população ou não.

Assim, são ações dos governantes neste sentido, sob a vigilância dos cidadãos (dos sócios), que produzirão agregação de valor à sociedade local.

11.2.2 Melhorar seu desempenho

As entidades públicas governamentais poderão melhorar seus desempenhos implementando ações de melhorias nos dois ambientes, o ambiente interno e o ambiente externo. O ambiente interno poderá melhorar seu desempenho implementando ações saneadoras, desenvolvendo as potencialidades dos recursos públicos, por ações capitaneadas pela controladoria. E o ambiente externo, com medidas que atraiam investimentos da iniciativa privada sem a geração de externalidades negativas, com a geração de emprego e renda, com a aplicação de medidas corretivas para o cumprimento das leis para a produção do bem-estar social.

11.2.3 Facilitar seu acesso ao capital a custos mais baixos

Atendidos os objetivos que produzam ações de aumentar o valor da sociedade e de melhorar seu desempenho, certamente este objetivo será alcançado, pois com um governo local bem gerido e o acesso ao capital, certamente, será a custos mais baixos, já que os investidores terão maiores garantias ao emprestarem ao poder público.

Governança Corporativa na Gestão Pública **131**

11.2.4 Contribuir para sua perenidade

Cabe ao gestor público criar condições para que haja a perenidade dos serviços oferecidos à sociedade local, que as ruas, as avenidas, as pontes, os viadutos, as escolas, os postos de saúde continuem oferecendo serviços com qualidade e tempestividade que a sociedade requer. Aqui, a perenidade não está ligada ao desaparecimento do ente público, mas aos serviços que ele produz.

11.3 Princípios

Os princípios básicos que inspiram o código das melhores práticas de governança corporativa são: (a) a transparência; (b) a eqüidade; (c) a prestação de contas; e (d) a responsabilidade corporativa. Todos esses princípios são aplicáveis às entidades públicas governamentais.

11.3.1 Transparência

Como diz o código das melhores práticas de governança corporativa do IBGC, mais do que "a obrigação de informar", a administração deve cultivar o "desejo de informar", sabendo que da boa comunicação interna e externa, particularmente quando espontânea, franca e rápida, resulta um clima de confiança, tanto internamente, quanto nas relações da empresa com terceiros. A comunicação não deve restringir-se ao desempenho econômico-financeiro, mas deve contemplar também os demais fatores (inclusive intangíveis) que norteiam a ação empresarial e que conduzem à criação de valor. A Lei de Responsabilidade Fiscal induz o gestor público à transparência de seus atos. Essa transparência pode ser melhorada, significativamente, com instrumentos como a Demonstração do Resultado Econômico, com o contracheque econômico e o balanço social; como diz o código das melhores práticas da governança corporativa (IBGC), mais do que a obrigação, a administração deve cultivar o desejo de informar, e esses instrumentos evidenciariam esse desejo da produção de simetria informacional entre o Estado e a sociedade.

11.3.2 Eqüidade

A eqüidade é caracterizada no código de melhores práticas de governança corporativa como um tratamento justo e igualitário de todos os grupos minoritários, seja do capital, seja das demais "partes interessadas" (*stakeholders*), como colaboradores, clientes, fornecedores ou credores. Atitudes ou políticas discriminatórias, sob qualquer pretexto, são totalmente inaceitáveis. Assim, a eqüidade na gestão pública deve pautar-se por políticas e ações dos governantes que produzam a eqüidade entre os habitantes que compõem a sociedade local, a fim de produzir o bem-estar social.

11.3.3 Prestação de contas (*accountability*)

Os agentes da governança corporativa devem prestar contas de sua atuação a quem os elegeu e respondem integralmente por todos os atos que praticarem no exercício de seus mandatos. O cumprimento deste princípio na gestão pública é essencial não só com relatórios exigidos pela legislação, mas também com instrumentos que facilitem a transparência dos atos, de maneira espontânea, com relatórios que façam com que o cidadão possa fazer comparações com resultados privados e, assim, sentir-se confortável ao ver que a gestão pública está sendo eficiente no gasto dos recursos públicos, no curto prazo, haja vista que a eficácia dos atos da administração pública somente será perceptível a médio e a longo prazo.

11.3.4 Responsabilidade corporativa

Os conselheiros e executivos devem zelar pela perenidade das organizações (visão de longo prazo, sustentabilidade) e, portanto, devem incorporar considerações de ordem social e ambiental na definição de negócios e operações. A responsabilidade corporativa é uma visão mais ampla da estratégia empresarial, contemplando todos os relacionamentos com a comunidade em que a sociedade atua. A "função social" da empresa deve incluir a criação de riquezas e de oportunidades de emprego, qualificação e diversidade da força de trabalho, estímulo ao desenvolvimento científico por intermédio de tecnologia e melhoria da qualidade de vida por meio de ações educativas, culturais, assistenciais e de defesa do meio ambiente.

Inclui-se neste princípio a contratação preferencial de recursos (trabalho e insumos) oferecidos pela própria comunidade. Tudo o que é definido pelo IBGC para a governança empresarial dentro desse princípio é aplicável de certa forma às entidades públicas de administração direta. Além disso, é preciso frisar que se repense a Lei de Licitações para pequenos municípios, haja vista que, muitas vezes, o pequeno Município não consegue contratar recursos – trabalho e insumos – oferecidos pela própria comunidade, fazendo com que os recursos que são transferidos ao Município não produzam valor à sociedade local. A falta de pelo menos três fornecedores do produto ou serviço faz com que fornecedores de outros municípios sejam beneficiados e, assim, iniba-se o desenvolvimento econômico, social e cultural da comunidade local.

11.4 Conselho fiscal

Nas entidades públicas governamentais, especialmente nos municípios, pode-se dizer que já existe um conselho fiscal, a Câmara de Vereadores, composto por representantes da sociedade eleitos para legislar e fiscalizar os atos do gestor público, com o apoio do Tribunal de Contas do Estado e/ou do Município que realiza a Auditoria Externa e emite um parecer sobre a aprovação e/ou rejeição das contas referentes ao exercício financeiro.

No entanto, com a proliferação dos municípios, empresas estatais, autarquias, fundações, fundos etc., houve uma sobrecarga de serviço aos Tribunais de Contas, que, premidos pela Lei de Responsabilidade Fiscal, estão impedidos de ampliar seus quadros de pessoal. Por isso, realizam poucas horas de trabalho *in loco* aos entes auditados.

Neste ponto, faz-se necessário rever as estruturas dos Tribunais de Contas. Para tanto, apresentam-se alguns caminhos possíveis de serem seguidos: (a) formar auditores por área de atuação dos entes auditados, educação, saúde, transportes e obras etc. e, assim, maximizar os recursos disponíveis; (b) ampliar os sistemas informatizados de suporte às auditorias; (c) ampliar a fonte de recursos, haja vista que os Tribunais de Contas dos Estados realizam auditorias e emitem pareceres sobre as contas municipais e são financiados apenas com recursos do Estado. Entende-se que, para que fosse mais efetiva a auditoria *in loco*, as Câmaras de Vereadores poderiam, com seus recursos, financiar, via repasse de recursos, parte desses serviços, contribuindo sobremaneira para melhoria dos serviços de auditoria exercida pelo TCE; (d) contratar empresas de auditoria independentes para ampliar as horas de trabalho de revisão das contas públicas municipais e, assim, consubstanciar o parecer emitido pelo TCE, isso tudo de forma tempestiva, para que o parecer do TCE e o dos Auditores Independentes fossem publicados juntamente com o balanço do ente, como fazem as empresas privadas.

11.5 Conselho de administração

O Município já conta com um conjunto de conselhos: o Conselho Municipal de Saúde, o Conselho Municipal de Educação etc. No entanto, entende-se que se faz necessária a criação do Conselho Municipal de Administração; como diz o Código das Melhores Práticas de Governança Corporativa,

> "independentemente de sua forma societária e de ser companhia aberta ou fechada, toda sociedade deve ter um Conselho de Administração eleito pelos sócios, sem perder de vista todas as demais partes interessadas (*stakeholders*), o objeto social e a sustentabilidade da sociedade a longo prazo".

Este conselho deveria ter um mandato diferente dos prefeitos e dos vereadores, para que estes pudessem agir de maneira independente e pudessem exercer o acompanhamento das contas públicas, da evolução patrimonial, da análise das demonstrações contábeis, de acordo com a Lei nº 4.320/64 e com a Lei Complementar nº 101/00. E que tivesse poderes para orientar e até de vetar ações do Executivo que pudessem de qualquer forma afetar o bem-estar social, econômico e cultural, ou, ainda, a sustentabilidade no que se refere ao oferecimento de serviços públicos para a sociedade local.

Bibliografia

ALCHIAN, A. A.; DEMSETZ H. Production, information cost and economic organization, *AER*, 62, p. 777-795, Dec. 1972.

ALLEN, H. J. Descentralização para o desenvolvimento – uma revisão de estratégias e metodologias. *Revista de Finanças Públicas*, Brasília, ano 45, out./dez. 1985.

AZZONI, C. A. Distribuição pessoal de renda nos estados e desigualdade de renda entre os estados no Brasil – 1960, 1970, 1980 e 1991. *Pesquisa e Planejamento Econômico*, v. 27, nº 2, p. 251-278, ago. 1997.

BERNSTEIN, P. L. *Desafio aos deuses*: a fascinante história do risco. 3. ed. Rio de Janeiro: Campus, 1997.

BOBBIO, N.; BOVERO, M. *Sociedade e Estado na filosofia política moderna*. Tradução de Carlos Nelson Coutinho. São Paulo: Brasiliense, 1986.

BONAVIDES, P. *Ciência política*. 10. ed. São Paulo: Malheiros, 1995.

BONDUKI, N. et al. *São Paulo plano diretor estratégico*: cartilha de formação. 2. ed. revisada. São Paulo: Câmara Municipal de São Paulo, 2003.

BONELLI, R.; RAMOS, L. Distribuição de renda no Brasil: avaliação das tendências de longo prazo e mudanças na desigualdade desde meados dos anos 70. *Revista de Economia Política*, v. 13, nº 2 (50), p. 76-95, abr./jun. 1993.

BRESSER PEREIRA, L. C. *Reforma do Estado para a cidadania*: a reforma gerencial brasileira na perspectiva internacional. Brasília: Enap: Editora 34, 1998.

BROUSSEAU, E. Les théories des contrats: une revue. *Revue d'Économie Politique*, 103 (1), p. 1-81, janv./févr. 1993.

CAMPOS, A. M. Accountability: quando poderemos traduzi-la para o português? *Revista de Administração Pública*, Rio de Janeiro, v. 24, fev./abr. 1990.

CATELLI, A.; GUERREIRO, R. SEMINÁRIO GESTÃO ECONÔMICA DE EMPRESAS. Gecon/FEA/USP, set. 1994.

COASE, R. H. The nature of the firm. *Economica*, n° 4, p. 386-405, nov. 1937.

D'ÁURIA, F. *Primeiros princípios de contabilidade pura*. Universidade de São Paulo, São Paulo: Departamento de Cultura, 1949.

ELIAS, N. *Introdução a sociologia*. Lisboa: Edições 70, 1970.

ENGELS, F. *A origem da família, da propriedade privada e do estado*. 14. ed. Tradução de Leandro Konder. Rio de Janeiro: Bertrand Brasil, 1997.

ERICEIRA, F. J. *O estado de arte da contabilidade no estado do Maranhão, vis-a-vis o seu desenvolvimento econômico: 1755 a 1900*. 2003. 184 p. Dissertação (Mestrado em Controladoria e Contabilidade) – Faculdade de Economia, Administração e Contabilidade, Universidade de São Paulo, São Paulo.

FAMA, E. F. Agency problems and the theory of the firm. *Journal of Political Economy*, v. 88, n° 2, 1980.

GIACOMONI, J. *Orçamento público*. 7. ed. São Paulo: Atlas, 1998.

GONZÁLEZ, J. R. Gastos públicos em educação e distribuição de renda no Peru. *Pesquisa e Planejamento Econômico*, v. 23, n° 3, p. 513-546, dez. 1993.

HENDRIKSEN, E. S.; VAN BREDA, M. F. *Teoria da contabilidade*. Tradução de Antonio Zoratto Sanvicente. 5. ed. São Paulo: Atlas, 1999.

INSTITUTO BRASILEIRO DE GOVERNANÇA CORPORATIVA. *Código das melhores práticas de governança corporativa*. São Paulo: IBGC, 2004.

IUDÍCIBUS, S. de et al. *Contabilidade introdutória*. 4. ed. São Paulo: Atlas, 1979.

_____. *Teoria da contabilidade*. 5. ed. São Paulo: Atlas, 1997.

JANNY TEIXEIRA, H.; SANTANA, S. M. (Coord.). *Remodelando a gestão pública*. São Paulo: Edgar Blücher, 1994.

JENSEN, M. C.; MECKLING, W. H. Theory of the firm: managerial behavior, agency costs and ownership structure. *Journal of Financial Economics*, n° 3, 1976.

KAPLAN, R. S.; ATKINSON, A. A. *Advanced management accounting*. 3. ed. Englewood Cliffs: Prentice Hall, 1982.

KROETZ, C. E. S. *Balanço social*: teoria e prática. São Paulo: Atlas, 2000.

LONGO, C. A.; TROSTER, R. L. *Economia do setor público*. São Paulo: Atlas, 1993.

MACHADO JR., J. F.; COSTA REIS, H. da. *A lei 4.320 comentada*. Rio de Janeiro: Ibam, 1971.

MARTINS, E. *Contabilidade de custos*. 9. ed. São Paulo: Atlas, 2003.

MEIRELLES, H. L. *Direito municipal brasileiro*. 11. ed. atualizada por Célia Marisa Prendes e Márcio Schneider Reis. São Paulo: Malheiros, 2000.

MUSGRAVE, R.; MUSGRAVE, P. B. *Finanças públicas*: teoria e prática. Rio de Janeiro: Campus, 1980.

OLIVEIRA, M. M. de. *Lições de contabilidade pública*: teoria e prática. 5. ed. São Paulo: Atlas, 1945.

OSBORNE, D.; GAEBLER, T. *Reinventando o governo*. Tradução de Sérgio F. G. Bath e Ewando Magalhães Junior. 9. ed. Brasília: MH Comunicação, 1997.

PINDYCK, R. S.; RUBINFELD, D. L. *Microeconomia*. Tradução de Pedro Catunda e revisão técnica de Roberto Luis Troster. São Paulo: Makron Books, 1994.

PORTER, M. *Vantagem competitiva*. Rio de Janeiro: Campus, 1992.

RAMOS, L.; REIS, J. G. A. Salário mínimo, distribuição de renda e pobreza no Brasil. *Pesquisa e Planejamento Econômico*, v. 25, nº 1, p. 99-144, abr. 1995.

ROCHA, S. Do consumo à linha de pobreza. *Pesquisa e Planejamento Econômico*, v. 27, nº 2, p. 313-352, ago. 1997.

ROUSSEAU, J. J. *O contrato social*. São Paulo: Martins Fontes, 1996.

SALVETTI NETTO, P. *Curso de ciência política*. 2. ed. São Paulo: Hemeron, 1977. v. 1.

SAMUELSON, P. A.; NORDHAUS, W. D. *Economia*. Tradução de Elsa N. Fontainha e Jorge P. Gomes. 14. ed. Lisboa: McGraw-Hill, 1993.

SIFFERT FILHO, N. F. *A teoria dos contratos econômicos e a firma*. 1996. Tese (Doutorado) – Faculdade de Economia, Administração e Contabilidade, Universidade de São Paulo, São Paulo.

SIMONSEN, M. H. *Ensaios analíticos*. 2. ed. Rio de Janeiro: Editora da FGV, 1994.

SLOMSKI, V. *Mensuração do resultado econômico em entidades públicas*: uma proposta. 1996. 82 p. Dissertação (Mestrado em Controladoria e Contabilidade) – Faculdade de Economia, Administração e Contabilidade, Universidade de São Paulo, São Paulo.

_____. *Teoria do agenciamento no estado*: uma evidenciação da distribuição da renda econômica produzida pelas entidades públicas de administração direta. 1999. 106 p. Tese (Doutorado em Controladoria e Contabilidade) – Faculdade de Economia, Administração e Contabilidade, Universidade de São Paulo, São Paulo.

_____; RESENDE, A. J.; ATHAYDE, T. R. O balanço social como relatório das atividades em universidades públicas: uma aplicação na UFMS campus de Três Lagoas. ENANPAD, 27., Atibaia, 2003.

SOUZA, H. de. Empresa pública e cidadã. *Folha de S. Paulo*, 26 mar. 1997.

SPROUSE, R. T.; MOONITZ, M. *A tentative set of broad accounting principles for business enterprises*. New York: American Institute of CPAs, 1962.

SUPLICY, Eduardo Matarazzo; CURY, Samir. A renda mínima garantida como proposta para remover a pobreza no Brasil. *Revista de Economia Política*, v. 14, nº 1, p. 53, jan./mar. 1994.

Soluções Gráficas Digitais Personalizadas
Impresso com arquivos fornecidos
www.formacerta.com.br